我对《人口论》的作者抱有真诚的赞许和敬佩。他的论据的总的风格充分说明作者思想上的正直豪放——他进行争论,好像是除了研究证据、发展真理之外,没有任何其他企图。

——[英]葛德文(William Godwin, 1756—1836)

  马尔萨斯先生特别强调了一种他认为十分明显、十分普遍的主张;他毫不加考虑地以此做了他的理论基础,正因为如此,他才陷入了严重的错误,我们认为这些错误相当危险。

——[法]西斯蒙第(Jean C. L. S. d. Sismondi, 1773—1842)

  有人说他是人类的恩人,又有人说他是恶魔;有人说他是深刻的思想家,又有人说他是笨伯……

——[美]熊彼特(Joseph Alois Schumpeter, 1883—1950)

  这本书在今天仍然是很有影响的著作。马尔萨斯的观点系以收益递减规律为直接依据,这些观点在今天仍然是适用的。

——[美]萨缪尔森(Paul A. Samuelson, 1915—)

北京大学通识教育经典名著阅读计划

The Series of the Great Classics in Science

　　人文社会科学元典是人类对于自身及其社会的深刻反思和研究，不仅有对人类价值和精神的独特性、意外性、复杂性和创造性的情感性描述和目的性表达，也有对人类文化和社会的类型、模式、变迁、机制及其多样性的事实揭示、因果说明和理想设计。从某种意义上说，它们塑就了我们的心灵、行为和生活，具有永恒的意义和不朽的价值。

人文社会科学素养文库·人文社会科学元典丛书

人口论

An Essay on the Principle of Population

［英］马尔萨斯 著

郭大力 译

图书在版编目(CIP)数据

人口论／（英）马尔萨斯著；郭大力译. —北京：北京大学出版社，2008.1
（人文社会科学素养文库·人文社会科学元典丛书）
ISBN 978-7-301-13247-0

Ⅰ.人… Ⅱ.①马…②郭… Ⅲ.科学普及—人口学 Ⅳ.C92

中国版本图书馆 CIP 数据核字 (2007) 第 195623 号

书　　名	人口论
著作责任者	[英] 马尔萨斯　著　郭大力　译
丛书策划	周雁翎
丛书主持	陈　静
责任编辑	李淑方
标准书号	ISBN 978-7-301-13247-0
出版发行	北京大学出版社
地　　址	北京市海淀区成府路 205 号　100871
网　　址	http://www.pup.cn　新浪微博：@北京大学出版社
微信公众号	科学元典（微信号：kexueyuandian）
电子信箱	zyl@pup.pku.edu.cn
电　　话	邮购部 010-62752015　发行部 010-62750672　编辑部 010-62767346
印刷者	北京中科印刷有限公司
经销者	新华书店
	787 毫米×1092 毫米　16 开本　15.5 印张　16 插页　310 千字
	2008 年 1 月第 1 版　2023 年 1 月第 7 次印刷
定　　价	59.00 元

未经许可，不得以任何方式复制或抄袭本书之部分或全部内容。
版权所有，侵权必究
举报电话：010-62752024　电子信箱：fd@pup.pku.edu.cn
图书如有印装质量问题，请与出版部联系，电话：010-62756370

马尔萨斯

(Thomas Robert Malthus, 1766—1834)

马尔萨斯的母亲亨丽埃塔·凯瑟琳（Henrietta Catherine，1733—1800）小时候（图中穿蓝色衣服手拿樱桃者）。

当时的著名女作家哈丽特·马蒂诺（Harriet Martineau，1802—1876）1832年拜访了马尔萨斯。她15岁便阅读了马尔萨斯的作品。这位耳聋作家在其《自传》中描写了马尔萨斯的"兔唇"（harelip）。仔细观察马尔萨斯的肖像，仍可发现治愈后的痕迹。她的《政治经济学解读》（*Illustrations of Political Economy*）简述了马尔萨斯、李嘉图、亚当·斯密等人的经济理论。该作品在当时的销售超过了狄更斯的作品。

英国萨里郡（Surrey）杜金（Dorking）附近的鲁克里（Rookery）。1766年2月13日马尔萨斯出生在这里。他2岁的时候这所房子被卖掉。

马尔萨斯出生三周后，卢梭和休谟两位思想先贤来到了马尔萨斯家中。

卢梭
（Jean Jacques Rousseau，1712—1778）

休谟
（David Hume，1711—1776）

卢梭的《爱弥儿》主张保护儿童的自然本性、让儿童身心自由发展，反对封建教育和经院主义。卢梭的《爱弥儿》对马尔萨斯的父亲影响很大，马尔萨斯的父亲依据卢梭的观点对儿子进行教育。

《爱弥儿》的扉页

沃顿教堂

沃顿（Wotton）既是马尔萨斯出生的地方，也是他父母及两个姐姐的安葬地。（沃顿大约在杜金以西 3.5 英里处）

艾塞克斯郡（Essex）的赫德斯托克村（Hadstock）马尔萨斯 2 岁后随父母迁到了这里。

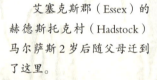

克莱沃顿（Claverton）1776—1782 年马尔萨斯在这里接受教育。这里也是他结婚及儿子洗礼的地方。

沃灵顿市（Warrington）马尔萨斯去剑桥学习前在这里接受训练。他的老师韦克菲尔德（Wakefield）是一位唯一神论者。

《独立宣言》

1776年，马尔萨斯10岁，北美发表《独立宣言》，脱离英国的殖民统治。1789年法国《人权宣言》发表。而这两个关于人的生存与发展的文件都受到卢梭《社会契约论》的影响。

1798年，马尔萨斯的《人口论》从自己的角度讨论了人的这一问题。他通过对葛德文和孔多塞的批判来反对卢梭的思想和法国大革命。

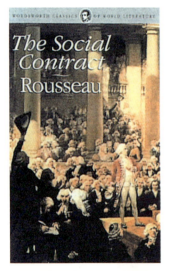

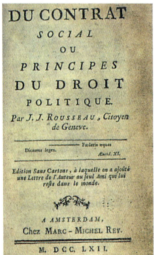

《社会契约论》封面及扉页

《人权宣言》

马尔萨斯就读的剑桥大学基督学院。达尔文也曾经在这里生活过。

这个文件记载了马尔萨斯任奥伯瑞（Albury）地区教区牧师的资料。

哈丽特　1804年马尔萨斯和自己的表妹哈丽特（Harriet，1777—1864）结婚。

目　录

导读 / 1

译者序 / 19

著者序 / 27

第一章 / 1

第二章 / 9

第三章 / 17

第四章 / 23

第五章 / 31

第六章 / 43

第七章 / 49

第八章 / 61

第九章 / 67

第十章 / 75

第十一章 / 87

第十二章 / 93

第十三章 / 103

第十四章 / 109

第十五章 / 115

第十六章 / 125

第十七章 / 133

第十八章 / 141

第十九章 / 151

附录一　译名对照 / 160

附录二　马寅初"新人口论" / 163

导　　读

这本书可以跻身于那些对思想进步产生重大影响的著作之列。它深深地植根于人文科学的英格兰传统之中——植根于苏格兰和英格兰的思想传统之中。在这一传统之中，我认为，在情感上存在着不同寻常的延续性。从18世纪到现在，如果我要如此表达——这一传统与这些名字联系在一起：洛克、休谟、亚当·斯密、佩利、本瑟姆、达尔文和穆勒，这一传统表达着对真理的热爱和高尚的清晰的思想，没有任何感情用事和形而上学，它代表了公正和民众精神。这些巨著不但在情感上一脉相承，在实际内容上也息息相联。马尔萨斯身列其间，当之无愧。

——凯恩斯

导 读

一、从"麦芽作坊"到英国贵族

1766年2月13日,在英国萨里郡黑利伯瑞的杜金附近的一个贵族家庭,一名男婴降生了。三周后,资产阶级思想先贤休谟和卢梭来到了他家,并亲吻了他,给他祝福。然而,他们当时绝对没有想到,这个男孩后来是他们思想的反对者。他就是被称为人口学"教父"、"第一位剑桥经济学家"的托马斯·罗伯特·马尔萨斯(Thomas Robert Malthus)。他还以自己的思想影响了李嘉图、达尔文、马克思、凯恩斯、弗里德曼等大师级人物。

据说,马尔萨斯(Malthus)的姓氏在英格兰是非常罕见的。在英文的原意里,这个姓氏来源于Malt—house(麦芽作坊),随着语音和拼写的历史演变,Malt—house就演化为Malthus,发音就变化为马尔萨斯。

据英国现代经济学家凯恩斯的考证,托马斯的曾曾祖父名叫罗伯特·马尔萨斯,他是克伦威尔时期北奥尔特教区的牧师。罗伯特·马尔萨斯的儿子是丹尼尔·马尔萨斯,即托马斯的曾祖父。在著名的塞德汉姆医生的帮助下,丹尼尔成为国王威廉的药剂师,其后又为女王安妮服务。因而,马尔萨斯家族在丹尼尔这一代人开始过上了富裕的生活,他们拥有了马车和马匹。

丹尼尔的儿子塞德汉姆·马尔萨斯,是英国财政部的职员,南海公司的董事,他的努力使马尔萨斯家族更加富足。传记作者称塞德汉姆很有钱,他在伦敦附近各郡以及剑桥郡拥有多处地产,在女儿出嫁时,他竟然能够为其备下一份价值5000镑的嫁妆。可以断定,在塞德汉姆这一代人,马尔萨斯家已经跻身于地产贵族阶层。

塞德汉姆的儿子丹尼尔·马尔萨斯,也就是托马斯的父亲。丹尼尔在牛津的女王学院接受教育,但没有取得学位,他性格温和,脾气柔顺,为人仁慈,思想进步。热心结交知识界的名流。他的为人得到了人们的赞许。

丹尼尔是哲学家大卫·休谟和让·雅各·卢梭的朋友。卢梭《爱弥尔》中的教育思想对他影响很大,因此他运用其中的思想教育自己的儿子。他让儿子在家接受教育,直到1784年被剑桥大学基督学院录取。

托马斯·罗伯特·马尔萨斯在剑桥他喜欢多种运动,而且学习了许多课程,还在辩论、拉丁文和希腊文课程中获奖。他的主修科目是数学。1791年他获得硕士学位,并且在两年后当选为基督学院院士。1797年他被按立为圣公会的乡村牧师。

马尔萨斯于1804年结婚后养育了三个孩子。1805年他成为英国第一位(或许是世界上第一位)政治经济学教授,执教于东印度公司学院,被称为"第一位剑桥经济学家"。

◀ 凯恩斯对马尔萨斯的《人口论》及其经济理论备加推崇。

他的学生亲切地称呼他为"人口"马尔萨斯。

他与当时另一位经济学大师李嘉图在纯学术与公共经济政策上有许多争论，不过两人的争执仅限于君子之争，事实上两人因在报章上的论战熟识对方之后还成为挚友。1833年以前，马尔萨斯拒绝肖像绘画，因为他有兔唇。这个缺陷后用手术矫正，他还被看做是个英俊的人。他口腔内上颚左侧有裂缝，影响说话。这一先天缺陷在他的家族中很常见。

二、关于《人口论》

（一）《人口论》的写作缘起

马尔萨斯因发表《人口论》（又译作《人口原理》）而为人所知。该书很大程度是对他的父亲及其朋友们（如卢梭）的思想的反动。

15—18世纪中期，英国进行了"圈地运动"和18世纪中期—19世纪中期进行了工业革命。结果，农民被剥夺土地，手工业者破产，工人大批失业，使英国社会矛盾逐渐尖锐化，反抗运动遍及英国各地。

正当整个英国处于沸腾状态的时际，1789年法国爆发了资产阶级民主革命，英国劳动群众的斗争热情更加高涨。怎样压制群众反抗，如何看待和解决失业和贫困问题，成为英国社会普遍关注的问题。英国思想界也就这一问题展开了激烈争论。

正如马尔萨斯在《人口论》第一版开端所说，由于法国革命，引起了英国思想界相反二派的敌意，现制度的拥护者和支持者对于期望社会通过改革达到更幸福的状态的一派总是加以非难。马尔萨斯将葛德文、孔多塞看作后一种观点的代表，并明确地说："无论它的真实性给我留下多么深的印象，我都应怀疑其正确性。"他认为，社会改革者的论调是错误的。

葛德文出生于英国的一个传教士家中，本人也当过传教士。他深受启蒙主义者和法国革命的影响，于1793年写成了著名的《论政治正义及其对道德和幸福的影响》（以下简称《政治正义论》）一书。

葛德文《政治正义论》充满对对法国革命的热忱，辞藻丰富，文体流畅。他的书贯穿着理性论思想。在他看来，理性是支配动物生活的真正动力，它将把人类引上不断改良和日趋完善的道路。只有废除非正义的政府，社会才可以通过理性法则来维持，人类才会寻求实现各取所需的公平原则。他根本不忧虑人口会超过生活资料的限度。他认为，理性的统治，使人口增加超过生活资料的增加成为细小的问题，不值得加以考虑。

葛德文在1797年，即在马尔萨斯《人口论》第一版出版的前一年曾出版《研究者：教育、习俗及文艺的评论》（简称《研究者》）一书。他在该书中指出，贫穷的真正弊病不在于身体上的欠缺，而在于缺乏财富。机器工业的发展延长了穷人的工作时间，加强了对工人的奴役，加重了穷人的痛苦。

孔多塞是法国改革论者,早年对数学有兴趣,后受杜尔哥的影响,转而从事经济学研究。1782年被推荐为法兰西学士院会员。法国革命时属于吉伦特党,曾被判死刑。在一妇女家匿居的八个多月期间,写成《关于人类进步的历史考察》一书。1794年书成后,他被捕,自杀。他的著作是死后才出版的。该书于1795年被译成英文,流传英国。

马尔萨斯的父亲丹尼尔在启蒙主义的影响下,思想颇为激进。他同情法国革命,赞扬社会改革。他把风靡一时而给他留下深刻印象的葛德文的著作推荐给马尔萨斯,但马尔萨斯对法国革命和葛德文、孔多塞的著作都持反对的态度。

事实上,马尔萨斯先前并没有专门研究过什么人口问题,他是同他的父亲争论时才想出以人口过剩作为反对法国革命和社会改革的论据。正如他在《人口论》第一版的序言中说:"有一次,同一个朋友谈到葛德文先生《研究者》一书中论述贪欲和奢侈的那篇文章,这便是本书的缘起。"这里所说的朋友不是别人,就是他的父亲丹尼尔·马尔萨斯。

(二)《人口论》的主要内容

张洪珍在《关于马尔萨斯的人口论》一文中将其人口论的内容概括为:两个公理、两个级数、两个抑制、一条规律、一个适度、三点见解、四点结论。

两个公理

马尔萨斯从人的生物学、自然属性提出两个公理。他说:"我认为我可适当地定下两个公理:第一,食物为人类生存所必需;第二,两性间的情欲是必然的,且几乎会保持现状。"而且这两个法则自古至今都是如此。

两个级数

马尔萨斯从两个公理出发,提出两个级数理论。他说:"人在无妨碍时,以几何级数率增加。每二十五年增加一倍。生活资料只以算术级数增加。随便假定世界有多少人口,比方说十亿吧,人类将以1,2,4,8,16,32,64,128,256,512……那样的增加率增加。生活资料却将以1,2,3,4,5,6,7,8,9,10……那样的算术级数增加,250年内,人口对生活资料即将成为512对10之比例,300年内将成为4096对13之比,2 000年内,生产物虽有极大量的增加,差额亦会弄到几乎不可计算。"

两个抑制

正因为他断定人口有无限增长的趋势,因此提出两个抑制。所谓两个抑制。就是妨碍人口增长的手段或力量,包括积极抑制(穆光宗以为此译法不妥,应是"现实抑制"的意思)和道德抑制。积极抑制,即用提高人口死亡率的办法来使人口与生活资料之间保持平衡。他说:"包括产生于罪恶和苦难的各色各样的原因",例如连串整套的普通疾病和传染病、战争、瘟疫和饥饿等。"所谓道德抑制(也叫预防的抑制)即让人们通过各种主观努力在道德上限制生殖的本能,即预见到未来家庭的困难,而自觉地少生孩子,降低出生率。因此,他提出让人们禁欲、不婚、不育。这两种抑制的重点是道德抑制。

一条规律

即土地肥力递减规律。就是在一定范围的土地上,由于土地生产潜力的影响,递加投资不能相应增加农产品的产量,而是到一定限度后收益递减。这条规律是马尔萨斯人口论的理论基础。

一个适度

人口的增长必须要有一个适当的限度。

三个命题

第一，人口必然为生活资料所限制。第二，只要生活资料增长，人口一定会坚定不移的增长，除非受到某种非常有力而又显著的阻止。第三，占优势的人口繁殖力，为贫困和罪恶所抑制，因而使现实的人口和资料保持一致。

四点结论

第一，认为工人贫困、失业并非资本主义制度所造成，而是人口法则作用的结果。第二，建立在财产公有制基础上的平等社会制度，不过是幻想，相反，财产私有制的社会制度却是不可避免的，因为它是出自人口的自然法则产生的。第三，在资本主义社会，工人的工资同样受人口法则的支配，工资的水平是受人口的增减而变动的。第四，反对救济穷人，救济穷人即帮助穷人制造穷人。

（三）《人口论》：历史上争论最多的一部社会科学著作

1798年《人口论》是匿名发表的，但是因为拥有广泛的读者，使他一鸣惊人。这部名著的较长版本发表于五年后的1803年。该书在马尔萨斯去世之前总共六次出版。第三版出版于1806年，第四版出版于1807年，第五版出版于1815年，最后一版出版于1826年。第一版和第二版之间的差异稍大，其他各版之间虽然多少有些不同，但就其基本思想来说，和第一版无根本不同。即就第二版来说，虽然同第一版相比，它由一本小册子变成篇幅大四倍的巨著，由匿名著作变成署明著者真实姓名和头衔的著作。二者真正不同之处在于：第一版认为只有增加人口的死亡率才能抑制人口增长，第二版则主张通过降低人口出生率来控制人口增长。但二者的主体思想并无二致。事实上，马尔萨斯的《人口论》能够广泛传播的原因之一，是他的第一版写得通俗，简单明了。

1. 生时的争论

葛德文是当时很有影响的人，他对马尔萨斯的论辩作了评论，后来又对马尔萨斯进行了全面答辩。葛德文在批评马尔萨斯同时也高度肯定了马尔萨斯的闪光点。面对马尔萨斯充满悲观的论调，他悲愤地讲，马尔萨斯把进步的同情者变成了进步的敌对者，因为这的确是个使人绝望的理论。他指责说：马尔萨斯的见解使人类除了靠"道德上的约束"这根弱不禁风的小草之外，没有——的确没有什么东西可以进行挽救，要靠道德上的约束来对抗男女之间的大欲，怎么靠得住呢？

作为一个论敌，葛德文称得上是大度而豁达的。他在指责马尔萨斯同时，对马尔萨斯的见地和研究态度也作了高度肯定。他对马尔萨斯的写作态度和风格表示赞许，"我对《人口论》的作者抱有真诚的赞许和敬佩。他的论据的总的风格充分说明作者思想上的正直豪放——他进行争论，好像是除了研究证据、发展真理之外，没有任何其他企图。"

比起葛德文的宽容，诗人雪莱——葛德文的女婿对马尔萨斯的批评则要尖刻得多。他批评马尔萨斯把"分解和繁殖"的自然规律运用于人类社会，这是为资本主义弊病辩护的遁词。雪莱说,这实际上是"告诉我们,不要让人幸福,否则世界上的人会多得住不下了"。

马尔萨斯的人口理论对英国的政策影响很大。1796年英国首相小威廉·皮特仍然认为一个人多生孩子是"使国家富足"的行为,即使他全家都是穷人。但是,到了1800年也就是《人口论》出版一年多后,皮特却放弃了他的新的《济贫法》。翌年12月,小威廉·皮特接见了马尔萨斯。

与马尔萨斯同时代的许多著名经济学家对他的人口理论也作过评价,其中包括大卫·李嘉图和西斯蒙第等人。尽管李嘉图在一般经济理论上与马尔萨斯的观点相左,但他在谈及马尔萨斯的人口学说时则给予了非常崇高的评价。李嘉图说:"关于马尔萨斯先生的《人口论》,我在这里能有机会表示赞扬,不胜欣幸。反对这部伟大著作的人的攻击只能证明它的力量。"

同时代的法国经济学家西斯蒙第则不能同意马尔萨斯的人口理论。1819年,西斯蒙第在其名著《政治经济学新原理或论财富和人口的关系》中指出,"不管这种学说如何完备,在我看来却不是正确的。马尔萨斯先生特别强调了一种他认为十分明显、十分普遍的主张;他毫不加考虑地以此做了他的理论基础,正因为如此,他才陷入了严重的错误,我们认为这些错误相当危险,虽然我们尊敬马尔萨斯先生,但是仍然认为对他的理论必须加以驳斥。"

空想社会主义者与马尔萨斯分属不同立场的学者,因而大多不能赞同马尔萨斯关于人类贫困缘于人口过多的论调。空想社会主义者倾向于认为社会制度是人类贫困的根源,他们认为制度改造和科学发展是避免人口增长速度远远超过食物增长速度的有效途径。

2. 逝后的反响

马尔萨斯死后他的人口理论引诱人们围绕着它继续进行针锋相对的争论。在或否定或肯定的评价中,后来一些学者积极对马尔萨斯的思想进行改造,形成新马尔萨斯主义和现代马尔萨斯主义,以理论的形态继续对社会发生影响,同时这些理论又被吸收、改造而成为节制生育的人口政策。

马尔萨斯死后的荣耀首先来自詹姆斯·穆勒的儿子约翰·斯图亚特·穆勒的评价。小穆勒对马尔萨斯的人口理论非常推崇。他把马尔萨斯的人口论看成了不必再经过任何证明、可以自行成立的"公理"。

在闻名于世的经济学家、新古典学派的代表人物——英国经济学家马歇尔对马尔萨斯作了尖锐的批评。在他生活的时代,英国的人口增长速度已经放慢,人民的生活水平有所提高,根本就没有出现马尔萨斯所说的那种人口增长速度远远超过食物增长速度的社会危机。所以,马歇尔认为,不是人口的增长导致了人类的贫困和苦难,相反,人口的缩减将会产生停滞的经济后果。

世界各地一些专业的人口学学者对马尔萨斯的评价,也很有代表性。英国的人口学者亚·莫·卡尔—桑德斯说:是马尔萨斯首先唤起大家对这一课题的关注。美国人口学家威廉·彼得逊说:"《人口论》毕竟是第一本重要的人口著作。把这些早已被别人表达过的思想放到一个更大的体系中去,并详细证明人口增长同经济和政治发展之间的关系，马尔萨斯在这方面所作出的贡献超过了他的任何一位先驱者，甚至超过了他们贡献的总和。"

3. 马克思和恩格斯的评价

马克思和恩格斯对马尔萨斯进行了批判分析和探索。马克思和恩格斯认为，只要进行社会制度的根本变革，发展科学，人类的前途就必将是无限美好的，没有什么理由要对人类的前途抱有悲观的态度。

马克思认为，马尔萨斯谈论的抽象的人口规律只存在于历史上还没有受过人干涉的动植物世界，现实社会根本不存在这种抽象的规律，而只有工人人口在生产出资本积累的同时以日益扩大的规模生产出使他们自身成为相对过剩人口的手段，这就是资本主义特有的人口规律。

恩格斯认为，马尔萨斯人口论是过去一切学说中最粗暴、最野蛮的一种学说，一种绝望的学说，是"资产阶级对无产阶级的最公开地宣战"。在马克思看来，马尔萨斯写作《人口论》的实际目的，是为了英国政府和土地贵族的利益，是为了"从经济学上"证明法国革命及其英国支持者追求改革的意图是空想。一句话，这是一本歌功颂德的小册子，它维护现有制度，反对历史的发展，而且还为反对革命的战争辩护。

而且，在马克思看来，马尔萨斯还存在严重的学风问题。他说马尔萨斯的《人口论》的最初版本不过是笛福、詹姆斯·斯图亚特、唐森、富兰克林、华莱士等人的小学生般肤浅的和牧师般拿腔作调的剽窃，其中没有一个独自思考出来的命题。这本小册子所以轰动一时，完全是由党派利益引起的。

同时，马克思和恩格斯并没有因为马尔萨斯的阶级立场就一概抹杀其人口学说的全部见解。恩格斯客观地说，"两个级数"乃是马尔萨斯自己的见解，而不是剽窃。在研究社会革命的经济原因和人口波动的市场原因时，恩格斯也看到了马尔萨斯人口学说的一些积极意义。他说："马尔萨斯的理论却是一个不停地推进我们前进的、绝对必须的转折点。由于他的理论，总的说来由于政治经济学，我们才注意到土地和人类的生产力，而且只要我们战胜了这种绝望的经济制度，我们就能保证永远不再因过剩人口而恐惧不安。我们从马尔萨斯的理论中为社会改革取得了最有力的经济论据。"

对马尔萨斯的一般经济理论，马克思和恩格斯也进行了批判。马尔萨斯的一般经济思想，与他的人口理论一样，也是为土地贵族服务的。马克思认为，马尔萨斯把人类的贫困的原因看做是人口的增长率远远超过食物的增长率，这抹杀了过剩人口的社会政治经济原因。马尔萨斯把利润包括在价值规定之中，这是使商品所支配的劳动力始终大于它所包含的劳动量，混淆了货币的特殊价值与商品价值的差别，这倒退到李嘉图之前，甚至退到了斯密和重农学派以前的"让度利润"的观点之上。

马克思认为马尔萨斯的经济学说也存在剽窃问题。在《剩余价值论》中，马克思指出，马尔萨斯的《政治经济学原理》不过是西斯蒙弟的《政治经济学新原理》一书的马尔萨斯化的译本。

同时，马克思和恩格斯也肯定了马尔萨斯的一般经济理论包含的一些合理见解。马克思认为马尔萨斯看到了资本和雇佣劳动之间的不平等交换；马克思认为，马尔萨斯看到了供求关系对经济增长的意义；马克思认为马尔萨斯没有掩盖资产阶级生产的矛盾,他看到经济利益的不可调和性;马克思肯定了马尔萨斯抗议延长劳动日时间的进步性。

4. 新马尔萨斯主义和现代马尔萨斯主义

在马尔萨斯之后,宣扬和发展马尔萨斯的人口理论者主要是新马尔萨斯主义和现代马尔萨斯主义。这两种思潮提倡的人口思想尽管与马尔萨斯的人口理论有很多不同之处,但他们都自称是继承了马尔萨斯的人口理论。

在马尔萨斯的人口理论诞生后,英国就出现一批学者开始积极探索抑制人口的其他途径,从而产生了新马尔萨斯主义。新马尔萨斯主义的代表人物是弗朗西斯·普雷斯。他先是马尔萨斯的积极追随者,但后来他提出了自己的见解。普雷斯并不赞成马尔萨斯倡导的晚婚和禁欲,而是主张用避孕的方法来控制人口的增长——这恰恰是为马尔萨斯所反对的。由于马尔萨斯本人以道德为依据不赞成使用避孕方法,因此用避孕手段来控制人口的倡导者通常被称为新马尔萨斯主义者。

在马尔萨斯主义和新马尔萨斯的影响和鼓动下,人类开始进行人口普查和节育运动。于是,节制生育的政策得以实行,节制生育的技术被广泛投入使用。

第二次世界大战后,马尔萨斯主义以新的形式盛行于世,这就是现代马尔萨斯主义。"人口危机论"和"自然资源枯竭论"是现代马尔萨斯主义中影响比较大的流派,其代表人物有保罗·伊尔里奇和多尼拉·米多斯等人。

1970年,美国学者保罗·伊尔里奇出版了《人口爆炸》一书。他认为,世界人口增长速度大大加快,人口翻番的时间大大缩短;人口爆炸来自第三世界,人口过剩是第三世界国家的贫穷、落后、饥饿、失业等一切问题的根源;而欧美发达国家的人口增长比较缓慢,有的已经出现零增长和负增长。他认为,可怕的人口爆炸甚至是世界大战的根源,认为人类的生存出路就是减少人口,特别是要减少第三世界国家的人口增长率。

1872年,由美国学者多尼拉·米多斯等联合组成的"罗马俱乐部"利用现代科学知识和微电子技术研究形成了《增长的极限》一书。他们认为人口危机、能源危机、粮食危机、环境危机是当今世界的重大问题,而其中心问题就是人口危机。他们认为,由于第三世界人口的激增,导致了粮食匮乏、资源枯竭、能源短缺、环境污染,人类已经面临末日。

适度人口论是由19世纪末期英国经济学家坎南提出并积极加以倡导的,这个流派积极探讨最适合和最有利的人口数量。坎南认为,人口过剩和人口不足都是影响人类进步的消极因素,只有适度人口才能促进社会得到最大的收益。适度人口就是在一定的时期内与社会生产力可能达到的最高水平相适应的人口数量。

人口零增长论的代表人物就是保罗·萨缪尔森。他是美国哈佛大学的博士、麻省理工大学经济学教授,曾经获得1970年的诺贝尔经济学奖金,是美国多家政府机构和金融机构的顾问。萨缪尔森认为,马尔萨斯的人口论是"伟大的人口学说",它的原则是"正确的真理",但鉴于当代人口发展的新特点,它的某些观点应该"修正和补充",由此,他提出了"人口零增长论"。

在萨缪尔森看来,尽管不可否认世界的生育率有所下降,但是世界的总人口仍然是在"以世界历史上空前的速度增长",所以目前仍然迫切要求限制多余的生育,必须在相当的时期内,使人口增长达到一个零度增长的全球性均衡。这就是萨缪尔森的"人口零增长论(ZPG)"。

正是鉴于马尔萨斯学说的深刻影响,所以,1985年在联合国召开的巴黎人口统计会上,与会代表以99.8%压倒多数赞成再版马尔萨斯的名著《人口论》。

(四)马尔萨斯与中国

1. 马尔萨斯看中国人口

《中国和日本的人口抑制》是《人口论》中的一章,主要论述中国当时的人口问题。概括起来,全文可分为三部分:当时中国的人口状况;中国人口繁盛的原因;中国的人口抑制。

关于当时中国的人口状况

从整章内容来看,马尔萨斯是在当时中国人口过多的基础上立论的。但他的这个前提却是错误的。

马尔萨斯未到过中国,他引用屠霍德的材料,认为:"在康熙初年所作的人口统计中,全国共有11 052 872户,能执戈者(即"丁")59 788 364人",以1:4的丁口比例计之,得出当时记入户籍的人口总数:239 153 456。实际上,这些数字和户口比例完全是错误的。

清代最初的百年间,户籍上仅具丁数而无口数,自乾隆以后,始丁口俱备。清代所谓丁者,系指十六岁至六十岁的男子,而不是马尔萨斯所谓二十岁至六十岁。至于丁、户、口的关系,一般说来,在中国,"成丁便成家,成家便立户,往往丁即代表户"。从《清实录》、《华东录》的记载看,户与丁一般是等同的。通过以往的人口资料的分析,户(丁)数与总人口的比例约为1:5。以《清实录》所载康熙三年全国共19 301 624丁计之,记入户籍的人口总数应为96 500 000人。由此可见,马尔萨斯的数字比之多出1.4倍。

至于不计入户籍的人,他认为几乎包括了社会上一切上层阶级(王公、大臣、官吏、文人学士)和大量的下层阶级(退伍士兵、医师、僧道、生活在海上或江河中以船为家的一大批人)以及"二十岁以下的青年。"因此,他在总人数239 153 456之上又加了几乎整整一亿人,即他认为当时实际人数为333 000 000。也就是说,不列入户籍的人占总人口的三分之一。

仅就"三分之一"这么大的比例来看,就是不可能的。现在学术界一般认为,当时未入户籍的人不超过20%。按照20%的误差来计算,康熙初年(三年)的实际人口数字应当是在前述的96 500 000人之上再加19 300 000,即115 800 000人。由此看来,马氏的估计数字大大超过了当时的实际数字,多出了近两倍。

关于中国人口繁盛的原因

概括起来,马尔萨斯认为有三个主要原因:气候有利,土地肥沃,灌溉方便,人民勤劳,因此物产丰富;中国历来注重农业,加之土地利用率高,使得生活资料大量增长;对婚姻异乎寻常地鼓励,这直接有利于人口增长。

这主要是从生活资料能养活多少人的角度来解释中国人口的繁盛,这基本是正确的。只是疏漏了从具体的生产方式方面对人口的需求进行探求。

关于中国的人口抑制

马尔萨斯认为,"这个国家,无论它怎样广大和肥沃,是不够养活它的居民的",因此,中国人口当然不能在二十五年内增加一倍,人口抑制在中国已发生作用。在所谓的预防性抑制中,他特别指出不婚和杀婴,并认为不能忽视其作用;在所谓的积极抑制中,他举出了疾病、由灾荒引起的饥馑、战乱。在这些"抑制"因素中,他认为饥馑"也许是对中国人口所有的积极抑制中最有力的。"

总之,马尔萨斯没有到过中国,使用的材料也不准确,结论自然就很成问题;加上他又主要是从生活资料方面着手,强调自然的力量,没有看到社会制度及生产方式,因此其结论自然是不全面的。

2. 中国历史上对马尔萨斯的看法

很早的时候,中国的统治者和许多大臣都看到了人口众多的危害,一些中国人也开始探索解决饥饿问题的办法,但是马尔萨斯的著作被介绍到中国来,那是他去世很多年后的事了。

在中国历史上,最早对马尔萨斯的理论作出比较深入的研究和评价者是孙中山。1924年,孙中山在题为《民族主义》的讲演中,直截了当地把马尔萨斯的人口论称作一种亡国灭种的学说。他告诫人们说,以往各国之所以一时不能吞并中国的原因,是由他们的人口和中国的人口比较还太少。假如中国也照马尔萨斯的主张去做,减少了人口,那么中国就会有"亡国"、"灭种"的危险。

孙中山反对马尔萨斯的土地肥力递减规律的说法。孙中山认为政治腐败和生产方法落后才是人口的过剩、贫困、失业和社会动乱的根源。孙中山主张,只要改革政治,应用农业科学技术,使用农业机械,就可以解决饥馑问题和人口过剩问题。

坚持马克思主义的李大钊等人也反对马尔萨斯主义,他们认为,不能脱离社会制度抽象地研究人口问题,中国贫穷的根源是社会制度,因而摆脱贫穷的根本途径是进行社会制度变革。

历史上也有赞成马尔萨斯主义的派别,代表人物是陈长衡和彭一湖。1918年,中国学者陈长衡出版《中国人口论》一书,对马尔萨斯的人口理论作了系统的阐述和评价。陈长衡认为,正是因为中国人口太多,导致为富不仁,教育落后,经济迟缓,从而不得不受到马尔萨斯所说的天然的裁制。也就是说,人口问题是中国一切社会问题的根本问题,是启开一切社会问题的钥匙。

新中国成立后,中国学者对马尔萨斯仍然给予了很大的关注,初期主要是批判。其中,特别引人注意的是1957年国内进行的马寅初批判。

1957年7月5日,北京大学校长马寅初发表了他的《新人口论》。马寅初的文章共分十个部分,集中表达了他对我国人口状况的看法和建议。文章的主要观点是:我国人口增长太快,但我国资金积累不够快,不但要积累资金而且要加速积累资金;我国早就应该控制人口;马尔萨斯的人口论是错误的,但我的人口理论在立场上和马尔萨斯是不同的;从工业原料方面着想亦非控制人口不可;为促进科学研究亦非控制人口不可;就粮食而论亦非控制人口不可。他说:人多固然是一个极大的资源,但也是一个极大的负担。要保住这个大资源,去掉这个大负担,办法是提高人口质量,控制人口数量。他建议国家实行计划生育政策。

随着反右派斗争的严重扩大化,有人指责马寅初提出的'新人口论'是配合右派分子向党进攻。1958年4月。北京大学党委决定对马寅初进行批判。5月,陈伯达在北大点名批判马寅初,要他做检讨。以后。全国逐步形成了一个批判马寅初的声势。

1958年5月到1959年底,对马寅初的批判不断升级。1960年1月,马寅初辞去北大校长的职务。随后,马寅初的全国人大常委的职务也被罢免,发表文章的权利也被剥夺。从此研究这方面的理论就成为"禁区"。

事实说明,我们过去对人口问题认识不够,走了弯路。造成我国人口迅速增长。结果给我国经济建设和人民生活带来了很大压力。自从党的十一届三中全会以后,学术界对人口理论的研究有了很大的重视和进展,认识到过去对马寅初的《新人口论》的批判是错误的,给他平反,承认其《新人口论》是正确的。

3. 当代中国学者对马尔萨斯的再认识

1998年是马尔萨斯《人口论》发表200周年,学术界掀起了一个研究马尔萨斯的高潮。中国的很多学者对马尔萨斯的理论进行了重新认识。在这次认识中,虽然还是有人整体上坚持过去对他的评价,但是正面的东西多了,更加肯定其理论中的合理内容。其中以北京大学人口学教授穆光宗比较有代表性。

他指出,马尔萨斯人口论的两个前提或公理,看到了欲望的自然属性,但欲望的实现方式却离不开一定的社会历史条件。而且,人类的需求是一个极其多样性的复杂的层次结构。但是马尔萨斯从人类需求的角度出发来研究人口问题的确抓住了问题的根本。人口增长问题大多是与人类需求的增长或膨胀相关的。

马尔萨斯从这种根本性的前提出发推论给我们的启发是巨大的,他提醒我们,在强调人口的社会属性的同时,不能否认或无视"自然属性"的存在。因为人的社会属性与自然属性是辩证统一的。

两个级数

应当说,马尔萨斯对人口增长和生活资料增长两者关系的探讨是积极有益的。因为一方面,这两者的确有极为密切的联系;另一方面,一些社会问题的产生也的确与二者增长的不平衡有关。而马氏的谬误也是显见的。首先,他仅从生物学的角度看待这一问题。其次,马尔萨斯将人口增长等同于一切生物增长的特性也显然有其历史的局限性。再次,他认为土地生产力受制于"土地肥力递减规律",实际上也应该是有限定条件的。因为,技术进步、生产方式的变革和生产力的发展会大大提高土地的产出率,从而提高土地的人口承载力。

不过,马尔萨斯的这一思想对后人有许多有价值的启迪。概要来说,就是放任状态下的人口增长可能带来可怕的后果。这是马尔萨斯人口论中的一个合理成分。

三个命题

这三个命题中包含了相当成分的科学因素。第一个命题实际上点出了"人口增长的极限",这一思想非常重要。现在越来越多的学者、政府决策者乃至民众都认识到:人口实际上不可能无限制地增长下去。

第二个命题实际上是说:在无所妨碍时,人口增长有超过生活资料增长的客观趋势和可能性。而一旦超越的可能性变成了现实性,也就产生了人口增长问题。那么大自然的平衡法则就会通过饥荒、瘟疫和战争来减少人口,以期两者能恢复到平衡状态。这实际上是事后客观调节法。也就是说,过剩人口所产生的压力可能会导致这些恶果的出现。马氏在《人口论》第三版附录中明白无误地告诉读者:"我的终极目的当然是减少罪恶和贫困,我所提出的任何人口限制只是达到这个目的的手段"。

第三个命题中,马尔萨斯既看到了人口增长和生活资料增长不平衡时自然的调节机制(如饥荒),更重要的还在于他看到了社会的调节机制(如战争、罪恶和节欲)。第三个命题的合理性在于马氏看到了人口增长快于生活资料增长的趋势可能通过事前调节的办法得到扼制。现代的"节制生育"的概念大致最早可以追溯到马氏身上。

第三个命题中的缺陷表现在:一是马氏没有考虑"人口移动"或者说"移民"这种方式也可以缓解人口压力,使人口增长和生活资料的增长两相平衡。二是"罪恶"和"贫困"还与社会制度有关。

两个抑制

马尔萨斯认为,人口增殖力和土地生产力之间,人口增长与生活资料增长之间的不平衡是一条自然法则,而在客观上人类的繁衍生息和社会健康、持续的发展又必须保持某种均衡的态势。那么,如何去实现它呢?在马氏看来,需要考虑的是如何去扼制人口增长领先或超越的态势。手段有两种:一种是自然而然的、客观的手段,指的是通过贫困、饥饿、瘟疫、罪恶、灾荒、战争等途径去提高人口的死亡率,从而达到减少过剩人口,使现存人口与实际的生活资料相适应。这种事后调节实际上是一种自然的而非社会的调节机制。实际上属于"事实判断"的范畴,并没有上升到"价值判断"的层面。

另一种手段是人为的、自觉的、主观的手段。也就是我们在前面所说的"事前调节",是指通过禁欲(不婚)、晚婚、不育等预先的手段来妨碍人口的增加,按现代术语来说,就是减少人口的出生增量,马氏又称之为"道德抑制"。可以说,马氏是西方节育思想的奠基者。

总之,马尔萨斯的人口论既有其不可抹杀的思想价值和历史贡献,也有其固有的时代局限性。

另外,彭庆妮、周传真等学者在肯定马尔萨斯的理论的时候,认为马尔萨斯建立了第一个人口学理论体系。他第一个分析了人口与资源之间的关系,第一个研究了生育欲望提高后可能造成的社会影响。马尔萨斯的许多观点前人确曾提及,但马尔萨斯除了继承以外,更有发展,他把前人的观点经过加工改造,综合整理形成了一个完整的理论体系,这是他的前辈们所望尘莫及的。

周传真认为,马尔萨斯开辟了从消费领域研究人口的新渠道。在马尔萨斯之前,重商主义和古典经济学派的学者研究人口问题主要是从流通领域和生产领域来进行。马尔萨斯从消费领域去分析人口生产和生活资料之间的关系,并从这一点入手,进行分析和探索。《人口论》正是以人口生产和生活资料之间的关系为线索,从消费领域进行人口问题的研究。在书中,马尔萨斯探讨了生活资料对人口的制约关系,以及怎样保持生活资料与人口的均衡。

三、剑桥第一位经济学家

（一）马尔萨斯理论与凯恩斯理论的内在联系

与人口学说相比，马尔萨斯的一般经济理论远没有前者风光。在马尔萨斯死后，他的一般经济理论整整沉寂了近一百年。只是到了 20 世纪，凯恩斯主义的经济学大变革才召回了马尔萨斯之魂。20 世纪的大经济学家凯恩斯给予了马尔萨斯至高无上的荣耀，称其为"剑桥第一位经济学家"。

凯恩斯不仅对马尔萨斯的人口学说作了高度评价，对其经济思想也给予了充分的肯定。在凯恩斯看来，马尔萨斯的《人口论》不但是一部说理深刻之作，而且文采斐然，较好地秉承了英国的人文传统，是一本天才的著作，作者完全清楚他所表达的思想的重要性。他相信他已找到了人类苦难的线索。

凯恩斯甚至认为，这本书可以跻身于那些对思想进步产生重大影响的著作之列。马尔萨斯可以当之无愧地与洛克、休谟、亚当·斯密、达尔文和穆勒等人并列。

凯恩斯与马尔萨斯正好相反，不认为人口的增加造成了经济发展的停滞，而是认为人口增长率的减退导致了经济发展的停滞。在凯恩斯看来，经济危机和失业的原因乃是由于有效需求不足，而人口增长趋势下降，是有效需求不足的主要原因。所以，只有促进人口的增长，才能刺激对资本和服务的需要，才能最终使失业率有所下降。

凯恩斯的这种人口理论初看时与马尔萨斯的人口论是针锋相对，但是两者在本质上却是高度一致的。因为在凯恩斯看来，马尔萨斯主义的实质，不在于人口增长必然快于食物的增长，而是在于强调人口状况制约着社会经济和政治状况。他们的共同点就在于，把人口看成制约经济和社会发展的决定因素。

对于马尔萨斯的经济思想，凯恩斯给予了更高的评价。在其亲笔撰写的传记文集内，凯恩斯充满感情地述说：今天，让我们把马尔萨斯作为第一个剑桥经济学家吧。

有效需求理论是凯恩斯经济理论的基石。而关于有效需求的最基本原理却是来源于马尔萨斯的有效需求原理。

19 世纪初的英国已经确立了"世界工厂"的地位，海外市场广阔。以李嘉图为代表的乐观主义者忽略了资本主义生产的实现条件，认为产品的市场（即销路）没有任何问题。而马尔萨斯却透过英国海外市场扩展的表面现象，认识到资本对市场的依赖性，并预见资本主义生产将由于市场的限制而发生经济危机。因而，他最早站出来反对"供给创造需求"的萨伊定律。马尔萨斯敏锐地发现，萨伊法则是摒弃货币的因素而把经济现象看成物物交换。

马尔萨斯认为，货币不是单纯的流通媒介，同时也是储蓄手段。他认为，如果消费者不将手中货币马上购买货物、而是大事储蓄，则供给就未必等于需求，生产物也就可能出现滞销。虽然马尔萨斯承认社会发展有赖于节约即资本积累，但又主张，过分节约的习惯会导致对生产物有效需求的减退,进而引发全盘性的不景气。这种观点被100年之后的凯恩斯所接受。凯恩斯曾借用"蜜蜂寓言"来证明马尔萨斯的观点,得出节约未必是一种美德的结论。他认为当时资本主义经济的不景气原因在于有效需求不足,这与马尔萨斯的意见如出一辙。

凯恩斯认为储蓄不会自然转化为投资,供给不再自行创造需求。他认为,造成资本主义失业的根本原因在于有效需求不足,不能消化日益增加的商品供给量。马尔萨斯与凯恩斯的有效需求的含义虽有些差别,但他们都是在批判和否定萨伊定律的前提下提出有效需求理论的。

在有效需求的条件下,供给等于需求。这时候市场是呈现均衡状态,即无供给不足,又无生产过剩。资本主义为什么会产生有效需求不足,并且如何才能增加有效需求呢?马尔萨斯他认为社会需求是由于资本家阶级、劳动阶级和不生产阶级(主要指地主阶级)的需求构成的。在通常情况下,资本家具有把收入消费到很高程度的能力,但往往没有这种意愿。所以,资本家的个人消费相对有限。马尔萨斯认为劳动者虽有消费意愿,却没有增加消费的能力。马尔萨斯的结论是必须有一个相当大的阶级,他们愿意也能够消费掉比他们所生产的数量更多的物质财富。这个阶级就是非生产性阶级(包括地主、官吏、牧师等)。

马尔萨斯的这种需求管理的政策主张受到了凯恩斯的特别垂青。为了治理萧条,拯救市场,凯恩斯也提出了一系列需求管理政策。增加个人消费以提高对消费品的需求;实行通货膨胀以降低利率,刺激私人投资用政府支出来弥补私人投资的不足。凯恩斯强调,在所有政策中最行之有效的是扩大政府的开支。政府投资必须是非生产性的支出,即举办公共工程,这样才能尽量消化社会消费品。

(二)马尔萨斯理论与弗里德曼理论的内在联系

在马尔萨斯的需求管理思想中,有一个重要思想,那就是关于稳定通货的思想。

马尔萨斯认为货币除了具有便利经济运行的各种职能,如价值尺度和流通媒介,还能对财富的累积和经济增长起重要作用。他认为纸币的发行是一种重要的需求管理方法,是国家从宏观上干预经济的重要手段。他说适当地增加纸币,不仅能在一定时期内增加社会购买力,创造消费需求,而且能够提供新的借贷机会,适当地刺激社会生产。但是,他又强调纸币必须以其代表的铸币为基础,纸币的发行如脱离其价值承担者,则必然带来经济的灾难性波动。所以,从长远发展考虑,有效的增长途径是稳定地使纸币与纸币所代表的铸币保持等价。

经过100多年的发展,马尔萨斯的货币思想折射到现代货币主义者身上,对现代西方经济学产生了重要影响。新自由主义经济学重复了马尔萨斯关于国家适度干预经济的主张。其中较为典型的是现代货币主义的代表人物弗里德曼。此人非常重视马尔萨斯提出的国家控制货币发行量的观点。他认为,货币是唯一重要的因素,货币数量的变动影响商品和劳务的生产量或国民收入的变动。即适当的货币增长是经济增长的必要条件。弗里德曼认为,从长远来看,稳定的货币背景是经济发展和稳定所不可缺少的前提,而要得到稳定的货币背景,就应实行稳定的货币量增长率。这样,人们就有可能在一个稳定的货币背景的条件下形成预期,价格机制便能充分发挥其合理配置资源的作用。他认为现时经济的高通货膨胀率是因为货币数量的增长超过了生产的增长。因而,货币量的稳定增长既是保证国民经济稳定增长,又是抑制通货膨胀的最佳方案。由此,可以看到现代货币主义者的理论中有着马尔萨斯稳定通货思想的影子。

与稳定通货思想有关的,马尔萨斯还提出削减国家债务的思想。他认为国债对就业及经济增长方面有一定的刺激作用。因为国债可以转化为相当的有效需求。但是若长期大举国债对经济是有害的。因为国家的支出虽然扩大,但消费者的购买力却相对减少,市场的需求也不见得就会增加。另外,国债增高会加剧货币币值的不稳定,这会对经济有所冲击。所以,马尔萨斯主张,从长远来看,应逐步减少国债,不应长期靠举债推动经济增长。

四、马尔萨斯人口理论与其经济学理论的内在逻辑一致性

逻辑一致性原则是众多思维法则中具有基石地位的一项核心原则,它同时也是在科学领域进行理论构建的根本准则。简单地说,逻辑一致性原则是指在同一思维过程中不能出现逻辑矛盾,一致性即无矛盾性、协调性。逻辑一致性原则是决定某一理论体系能否具有持久生命力的生死攸关的根本法则。

总的来说,在人口理论中马尔萨斯强调了物的供给(生活资料的供给)决定了人口的增长(人的情欲的扩张),前者的存量水平及其变化幅度对后者构成了一种硬约束,严格地制约着后者的实际数量及其变动。

在他的经济学理论中,马尔萨斯强调指出:是"有效需求"的水平决定着供给的水平而不是相反,换句话说,在经济学领域,马尔萨斯认为是人对物的需求(人的物欲)决定了物的供给,前者的存量水平及其变动对后者亦形成了一种硬约束。

可以发现,在经济学理论中他强调了人对物的需求(物欲)决定物的供给这一观点;在人口理论中他突出了物的供给决定人口的增长(情欲的扩张)这一思想,贯通起来看就是:

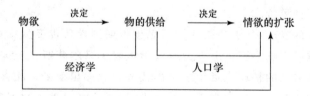

也可以表述为:

人对物的需求
决定
物的供给
决定
人口的增长
经济学
人口学

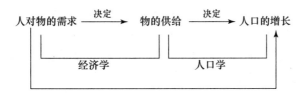

但这两种理论联系在一起的时候，就不难发现他的研究起于物欲，终于情欲，两种理论都是以人的真实需求作为研究的关注点。换句话说，无论是他的人口理论还是他的经济学理论都是以人以及人的欲望和需求作为最基本的研究对象和研究归宿的。从本质上讲，是人的某种欲望（物欲）约束和限制了其另一种欲望（物欲）的无限扩张，这是将马尔萨斯的人口理论与其经济学理论结合在一起，探讨其内在的逻辑一致性时可以得出的基本结论。

实际上，在马尔萨斯的人口理论和他的经济学理论之间始终贯穿着一条主线，那就是以人本身作为最基本的关注点，更确切地说是以人本身所具有的各种非理性的需求作为最基本的关注点。

在马尔萨斯之前，尽管经济学是一门以人及其行为作为基本研究对象的科学，但是长期以来经济学却一直是个"人的空场"，人被完全抽象化为纯理性的符号，从而忽视了人性中其他的影响经济运行的诸多因素，特别是忽视了人本身所具有的多样化的需求。最早谈及人的非理性需求问题的正是马尔萨斯，他认为早期一些经济学家把人类仅仅视为理性的动物，这是违反真实的人性和真实的人的需求的。他明确指出，人不是理性的动物，他们是欲望冲动的和愚蠢的动物，其所作所为和理性的劝导相反。由此可见，在他看来，研究经济学问题就如同研究人口问题一样，必须从现实的人的各种非理性需求出发，而不能仅限于纯理性的幻觉。

具有关键性意义的是，马尔萨斯所选择的研究经济学问题的关注点，当他把人的非理性需求作为学术研究的关注重点时，自然就能够得出与萨伊、李嘉图等人有所不同的结论，并最终提出"有效需求理论"，这一理论是从供给（生产）的角度出发进行研究时难以得出的。下面图 01 和图 02 分别表示从供给和需求这两个角度来探讨经济学问题时的基本思想路线：

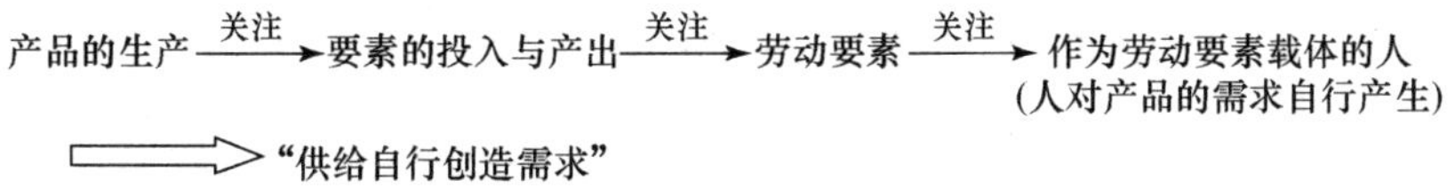

产品的生产
关注
要素的投入与产出
关注
劳动要素
关注
作为劳动要素载体的人
(人对产品的需求自行产生)
"供给自行创造需求"

图 01

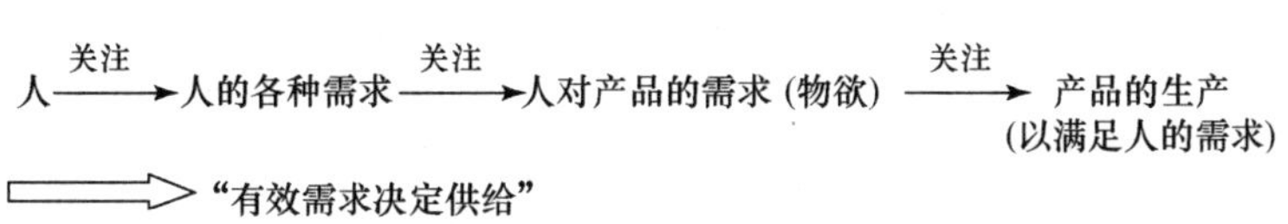

人
关注
人的各种需求
关注
人对产品的需求 (物欲)
关注
产品的生产
(以满足人的需求)
"有效需求决定供给"

图 02

尽管在这两种思路的首尾阶段都涉及人和产品的生产，但它们的顺序却是截然相反的。就图01而言,它是从供给角度出发来探讨经济学问题的,从这一视角来看,在整个生产过程中劳动不过是同资本等要素一样的一种投入要素而已,而人也只不过是劳动这一要素的载体,至于人的各种非理性需求则被排除在这条思想路线之外了,因而沿着这一路线得出"供给自行创造需求"的"萨伊定律"也就不足为奇。在图02中,当马尔萨斯从人本身出发,沿着强调人对物的需求这一路线"走"下去,随着研究的深入,他也就逐渐地具备了发现"有效需求理论"端倪的基本条件。他正确地指出萨伊、李嘉图把"有效需求"仅仅看做是"提出一种商品来交换另一种耗费了等量劳动的商品",忽视了"商品和社会欲望的关系",因而是不正确的。马尔萨斯认为"财富的不断增加只能靠对商品的需求的不断增加来维持"。否则就会发生生产过剩的经济危机。正是由于马尔萨斯在研究经济学问题时沿袭了他在研究人口问题时的基本关注点——人本身的非理性需求,而从人本身的非理性需求出发进行研究所得出的结论必然与从供给角度出发进行研究所得出的结论有所不同,这就是为什么马尔萨斯能够最先提出"有效需求理论"的基本原因。

本文综合了以下文献:

付利.马尔萨斯.北京:中国财政经济出版社,2006.

王声多.马尔萨斯人口论述评.北京:中国财政经济出版社,1986.

穆光宗.穿越岁月迷雾:还马尔萨斯人口论以本来面目.科技导报,5/1998.

人口研究编辑部.百年回眸:马尔萨斯人口论的再评价.人口研究,1998年1月第1期.

彭庆妮.对马尔萨斯人口理论的再认识.湖南社会科学,1998年第5期.

张洪珍.关于马尔萨斯的人口论.临沂师专学报,1993年第4期.

梁冬 李卢霞 孙晓燕.理出同源必有因——浅谈马尔萨斯人口理论与其经济学理论之间的逻辑一致性.经济问题探索,2005年第4期.

姜涛.马尔萨斯:重要的是提出了问题.人口研究,1998年7月第4期.

谢勇 徐倩.马尔萨斯人口理论在中国.南京人口管理干部学院学报,2003年第3期.

杨中新.马尔萨斯人口原理方法论特征.南方人口.2000年7月第15卷第3期.

王健康 万高潮.重评马尔萨斯的人口理论.人口与经济,1997年第3期.

教育论文网.论马尔萨斯与凯恩斯和弗里德曼的脉承关系.

http://www.51papers.com/lw/28/wz85912.htm

译 者 序

译完亚当斯密的《国富论》及李嘉图的《经济学和赋税原理》以后，马尔萨斯《人口论》的翻译，早在我们计划之中。但这个计划，迟迟到去年九月才能动笔，而因有别一种工作间断的原故，直到现在，我方才将旧稿校阅整理，预备拿去印刷。

马尔萨斯的《人口论》，无疑，在现在还是传诵甚广而为世所公认的一部名著。它的影响，现在还是很显著。即在中国，他的名字和学说，亦已成了普通教科书上的常识。

然而，一部这样有名的著作，在最初出版的时候，就连著者自己，亦不曾预料到会这样吸引世人注意。只要一看《人口论》初版题名页上没有著者的名字，一部赫然惊动当时的著作，居然匿名公布于世间，我们就知道，马尔萨斯自己后来看见这意外的成功，亦必讶然失惊。

《人口论》著作的动机，他自己曾在初版《人口论》的序文中说得很明白，后来又在第二版的序文中，重复申明这一点。他说："有一次，同一个朋友，谈到葛德文《研究者》书中的贪欲及滥费论，这便是这篇论文的起源。"这位"朋友"不是别个，便是他自己的父亲丹尼尔·马尔萨斯。

原来，在18世纪末叶，资本主义发展所引起的有产阶级与劳动阶级的对立，已在英国社会，形成一个极严重的问题。法国大革命的巨潮，又使英国受了一种大感动。1793年葛德文著《政治正义论》，1797年又著《研究者》。这两书，对于当时的社会组织，下了极严厉的批评，并断言现社会制度有根本改革的可能。提议废止一切不必要劳动而平均分配必要劳动于社会一切人，要以无阶级的社会代替有产阶级与劳动阶级的社会，以仁爱的原理代替自爱的原理,并要破除一切交易制度的高德文氏,立即引起了非常的注意,而成为当时资本主义发展的一个威胁。

这一种思想,成了日常谈论的资料。像《人口论》第一章所说,"人类将从此以加速的速度,进向无限的为从来所不曾想到的改良呢,抑被判定了须永远在幸福与贫苦之间,一进一退,而在各种努力之后,依然离所望的目标,有不可测知的距离呢?据说,这大问题,现在是提出了"。

成为社会一般争论的这问题,就在马尔萨斯的家庭以内,亦成了辩论的对象。卢梭之友并曾一度招待卢梭的父亲马尔萨斯,是葛德文的同情者,而后来成为亚当斯密大弟子的儿子马尔萨斯,却是葛德文的反对者。《人口论》,1798年出版的《人口论》,便是这种家庭辩论的结果。

初版《人口论》的发行,立即在社会上惹起了深刻的印象。匿名的著作的作者,不久就被侦知了。葛德文与马尔萨斯,不久亦会了一次面。有若干点和马尔萨斯反对的李嘉图,亦称《人口论》是"经济学界的装饰",说"它的正当的名声,将随经济学发展而普及。"这意外的成功,使马尔萨斯不得不进一步研究,而于1803年,出版《人口论》的第二版。

第二版几乎包含了初版的全部,但就许多点说,都像马尔萨斯自己在第二版序文中所说,"可被认为是一部新的著作"。所以第一版叫做"论人口原理对于社会将来改良的影响,并批判高德文氏康多塞氏及其他著作家的思辨",第二版却名做"人口原理论——考察它对于人类幸福在过去和现在的影响,并研究由此惹起的恶害,在未来除去或缓和的希望"。

在1800年出版的《现在谷物高价之原因的研究》一书中,他叙述了他改著《人口论》的经过。他说:"两年的思考,使我确信这所提出的原理的正确,确信这原理是社会下层阶级所以不断陷于困苦贫穷中,一切现制度所以不够救济他们,困苦所以周期发生的真实原理。现在,这论文停印一年以上了。我决心想把它改版,直接应用这原理于现社会状况,并竭力引证其他诸国的

译者序

最可靠的记载，来说明这原理的作用，是如何有力，如何普遍。但前因特殊约会，后因某种最意外最不幸的事故，致令我不能注意于此，但我始终把这事放在心里。"这所谓特殊约会，是指1799年一次夏季旅行；所谓不幸事故，是指1800年他的父母的相继死亡。

两三年思考的结果，第二版增加了大约一倍的篇幅。全书计分成四篇，每一篇分成十几章。第一版所讨论的各种问题，在这里都有了更详细的讨论与引证。然有一点，最足显示这两种版本的差别的，是他设想在罪恶与贫穷之外，还有一种对人口增加的妨碍。他自己曾说："在后半部，我曾竭力把第一版的最硬性的结论，使其柔化。"他以为，在罪恶与贫穷之外，还有"道德的限制"，即完全节制性欲。

这限制的提出，岂但柔化了他前此最硬性的结论，且根本推翻了他自己的最重要的议论。为马尔萨斯自圆其说计，这在资本主义社会不能有多大效力的限制，宁可始终忽视。"正当的推理"，决不能由此保持。

马尔萨斯的人口理论的精华，像一个三段论法一样，为马尔萨斯自己所充分叙述出来了。他说："人口增加，不能无生活资料；有生活资料的地方，人口必定会增加；占优势的人口增加力，非惹起贫穷或罪恶，即不能限制。"把这三个命题连合起来，得到了两个结论：是，"人口须不断引下到生活资料的水准"；人口所赖而引下到生活资料水准的原理，是"贫穷及贫穷的恐怖。"

关于前一个结论，他说："人口，在无所妨碍时，以几何级数率增加。生活资料只以算术级数率增加。按照人类生存必需食物的自然法则，这两个不平衡力的结果，必须保持平衡。"

关于第二个结论，他把人口增加的妨碍，分成预防的妨碍与积极的妨碍以后，立即断然地说："在早已有人占据的国家，除了这两种人口增加的妨碍，尚有妇女的不道德习惯，大都市，不卫生的制造业，奢侈，疫疠，及战争。这一切妨碍，都可适当的还元作贫穷与罪恶。"

人 口 论

自休谟以来，亚当·斯密，华莱士，都曾了解第一个结论的道理。就连马尔萨斯所反对的葛德文，亦曾说："人类社会上有一个原理，赖此，人口不断引下到生活资料的水准。"在人类还是人类的限度内，这一个原理，无疑是一个自明的真理。人口必须与人类的生活资料相平衡，是谁也不能否认的命题？成为问题的，是平衡的方法。

以人口增加的一切妨碍，还元作贫穷与罪恶，是马尔萨斯的伟大的发现。这发现所以是伟大的，就因为资本主义社会的实际情形是这样。资本主义社会，需要一个大的过剩人口，以压下工资水准，然后由以不幸的方法，把过剩的人口消灭。

但马尔萨斯的错误，亦就在这里。作为资本主义社会之历史的法则，我们虽须承认马尔萨斯这个原理的正确，但作为人类社会之永恒的法则，我们却须否认它的真理。

作为经济学上一个名词，我宁愿把"贫穷"看作是一个相对的名词，不把它看作是一个绝对的名词。由自然原因引起而为社会全体所同样感到的生活资料缺乏的痛苦，只是一种痛苦。所谓贫穷，应该指一种局部的为社会一部分人所感到的生活资料缺乏的痛苦。把贫穷作这样解释，我们没有理由，认一切时代人口引下到生活资料水准的方法，是"贫穷或贫穷的恐怖。"

马尔萨斯以为资本主义的生产组织，是生活资料缺乏的结果。他曾说，"按葛德文氏制度构成之社会，必依自然的必然法则，沦为有产阶级与劳动阶级。"我却以为，我们宁可把资本主义的生产组织，看作是贫穷增大的原因，至少，它曾使生活资料缺乏的痛苦，发生得更为频繁。

亚当·斯密认为反于自然进步的财富进步，就资本主义说，实在是顺于自然的进步。资本主义的发展，必然会牺牲农业以发展制造业，牺牲农村以发展都市。农村破产，乃是资本的原始蓄积之一。农业不能与制造业平衡发展，乃是资本主义社会难免的现象。生活资料，遂相形显出不足的模样。

资本主义社会生活资料的可能的供给，从来不曾不足，如实际有不足，原因便是下层阶级购买生活资料的能力不足。作为个别劳动者，每一个劳动者的所得，虽须够购买足够量的谷物，但作为一个阶级，劳动阶级的所得，全用来购买谷物，亦不能使农业尽可能得到最大的发展。

一切为个人利润而无计划的生产，均须在供给与需要的波澜中，冒一种危险。就农业说，农产物的数量如超过了需要，结果必然是农业家利润的消灭，从而使农业衰落，生活资料不足。为农业家计，农产物的供给应该不及它的需要，但结果亦是生活资料不足。在资本主义社会内，要在生活资料的生产方面，使人口与生活资料平衡，乃是绝对不可能的幻想。人口与生活资料，在现社会组织下，决不能取得意识的平衡。贫穷遂成为资本主义社会人口引下到生活资料水准的唯一手段了。

要在资本主义社会内废止这所谓自然的必然法则，无疑是一个幻想。贫穷在资本主义社会内，用马尔萨斯自己的用语，乃是"这法则绝对必然的结果"。

然由社会进化一时期的现象，推论社会进化一切时期都有这现象，即是由部分推知全体。马尔萨斯曾批评葛德文孔多塞由局部改善推论全体改善的谬误，但自己不免陷于同种的谬误。历史观念的缺乏，遂成为《人口论》一个致命伤。下层阶级的贫穷，遂被认为"绝对无可救药。"

这"绝对无可救药"的贫穷，决不是永远无可救药。有计划的生产代替无计划的生产的结果，物质的生产和人口的生产，均将受人的意识的调节。人口虽不绝要引下到生活资料的水准，但其手段，将不是贫穷，不是罪恶，而是意识的支配。

现代社会的贫困的蓄积，与其说是人口法则的必然的结果，不如说是资本蓄积的必然的结果。人口须不绝引下到生活资料的水准，是真理，但以贫穷为唯一手段而使人口与生活资料平衡的事实，却不能说是人类社会永远会有的事实。

××××××××

以下，我们略述马尔萨斯的生平与著作。

人 口 论

××××××××

托玛斯·罗伯特·马尔萨斯,1766年2月14日,生于英格兰的萨里州。他的父亲,名叫丹尼尔,是一个小地主,与卢梭等颇有交谊。《人口论》著者是他的次子。

马尔萨斯曾入剑桥大学的耶稣学院,在那里得了学士位,后又得硕士位。1783年,当选为耶稣学院的校友。后来,还就了候补牧师的职位。从这里,可以看出马尔萨斯《人口论》第十八章第十九章所以有那样的议论,一点也不奇怪。

他的最初的著作,起草于1796年,题名《危机》,但没有公刊。接着1798年,就出版了初版的《人口论》,虽然是匿名的,但他的名字不久就为人所侦知了。翌年,曾遨游大陆,再翌年,他的父母相继亡故。自1801年起,他才准备把《人口论》改著,而于1803年出第二版。第二版和第一版相差颇远。此后,《人口论》曾改版数次,虽均略有改订,但与第二版相差不远。

1804年,他和一位女士结婚了。1805年,任东印度公司所设立的黑利伯瑞学院的历史与经济学教授。1819年当选为皇家学会的会员。1821年,与李嘉图,詹姆士·穆勒等人,创立了一个经济学会。1834年12月29日,死于巴思。遗骸葬于巴思的教堂内。墓碑上,称他为"一切时代一切国家的最善良人物,最忠实哲学者之一。"他的大名,和《人口论》的大名,将同垂不朽。

马尔萨斯除了著作《人口论》以外,尚有1814年出版的《谷物条例的结果论》,1815年出版的《地租的性质与进步论》,1820年出版的《经济学原理》,1827年出版的《经济学上的定义》等。

马尔萨斯后来被称为亚当·斯密大弟子之一,而与李嘉图有极亲密的友谊,但常和李嘉图发生学说上的争论。他的《人口论》,所以在经济学上占如此高的地位,就因为他这种学说,成了正统派经济学一个极有力的要素。他们的工资学说,地租学说,甚至利润学说,都有《人口论》的思想,作为根据。

最后,应附言的,《人口论》除了在经济学上发生了严重的影响,还曾在生物学上发生大影响。倡导进化论的达尔文,曾在一篇自传中,说:"1838年10月,我开始系统研究以后的第15月,我忽然很快乐地读到马尔萨斯的人口论,因长期月观察动植物习惯的原故,对于随处都有的生存竞争,我已很能够吟味,我立即觉得了,在这诸条件下,适宜的变种,将被保存,不适宜的变种,将被破灭。"与达尔文同时发现自然淘汰学说的拉舍尔·华莱士,亦自认有许多地方应感谢马尔萨斯。

郭大力

1933年5月2日

译者郭大力像

著 者 序

有一次,同一个朋友,谈到葛德文《研究者》书中的贪欲及滥费论,这便是这篇论文的起源。讨论,从社会将来改善的一般问题开始。作者原来只因笔述较口谈更能向朋友明白叙述思想,才打主意坐下来写。但题目一经展开,有些从来不曾想到的观念发生了;他因想到,对于这一般感到兴趣的论题,每一线光明,即令是最小的,亦将为人所诚实欢迎,他才决心把他的思想,写成一个出版物的形式。

这论文,如征引更多事实来说明一般议论,无疑会更完全得多。但他既愿(也许是不慎重的)出版期不比原定日期迟延太久,又有一种特别事情,使他长期间几乎中断了工作,以致作者不能专心研究。不过,他以为,他所征引的事实,已够证明他的关于人类将来改善的意见,是一种真理。据作者看,要确立现在这样的意见,除了平易的说明,加以对社会的最简约的观察,亦就没有其他,还是必要的。

人口须常常引下到生活资料的水准,这是一个明白的真理,已为许多著作家所注目;但据作者所记忆,殆没有个著作家曾特别研究这水准所由而成的方法。照他看来,社会将来大改善途中的最强障碍,即是此等方法的观察。他希望,在讨论这有兴味的问题的时候,策励他的,只是对真理的爱慕,不是反对某派人或某派意见的偏见。他承认他读社会将来改善的某一些思辨,并非意图发现它们单是幻想;不过,他亦不曾矫揉他的悟性,以致一种事情,为己所愿望,即无证据,亦信从,为己所不乐闻,即有证据,亦拒绝。

他的人生观,虽有忧郁的色彩,但他觉得,他画这黑暗的颜

人 口 论

色,乃因他确信图画中确有这颜色,并非因为他的目光怪僻,或生来有忧郁的性向。最后二章所略述的精神理论,据他自己的悟性看来,就曾圆满说明生活上为何有这许多恶害。但别人看是否有同一结果,那须留待读者自己去判断。

更能干的人,设竟因此而注意于社会改良途中,他所想到的主要困难,从而使他看见这困难能在理论上除去,他亦必欣然撤回他现在的意见,很高兴的承认自己错误。

1798 年 6 月 7 日

第 一 章

• Chapter One •

问题的提出——相反二派的敌意，使这问题几乎没有解决的希望——反对人类及社会完成可能性的主要议论，迄未曾圆满答复——人口增加所惹起的困难之性质——全书主要议论的大纲。

第 一 章

近年来，自然哲学上发生了伟大的意外的发现，印刷术发达加大了一般知识的普及，学问界与非学问界盛行着热心而自由的研究精神，对那些迷惑悟性惊骇悟性的政治问题投下了新而异常的光明，尤其是政治界那一个凄然现象，"法国革命"，像一颗炎炎的彗星，注定了要以新的生命与活力，感动世间的畏缩的人民，不然，就是把他们烧尽灭绝。这等等，一齐发生，引导许多能干的人们，怀抱这样一种意见：我们已经触到了一个时期，这时期，富有最重要的变化，这变化，将会在某程度上，决定人类将来的命运。

人类将从此以加速的速度，进向无限的为从来所不曾想到的改良呢，抑判定了须永远在幸福与贫苦之间，一进一退，而在各种努力之后，依然离所望的目标，有不可测知的距离呢？据说，这大问题，现在是提出了。

然而，一切人类之友虽均渴望这痛苦的未决状态之终了，研究的精神虽热望一切光明来帮助其洞察将来，但这重要问题两方面的作者，相互间依然距离甚远，实深为遗憾。他们相互的议论，从未受公平的吟味。问题尚未集中在少数点上；甚至在理论上，似亦未曾临近解决。

现制度的辩护者，屡屡目思辨哲学家一派为一群诡谋计略的伪君子，口头宣传热烈的博爱，对于社会更幸福的状态，尽出一种诱人的图画，一心只想破坏现制度，促进他们内心蕴藏着的野心计划；不然，就目他们一派为粗狂的热狂家，说他们的愚妄的思辨，背理的怪论，值不得任何有理性的人注意。

人类及社会完成可能性的辩护者，又以加分的轻蔑，反唇讥斥现制度的拥护者，斥他们是最可怜最狭隘的偏见的奴隶，不

◀法国大革命中群众攻占巴士底狱。葛德文和孔多塞热情赞扬和支持法国资产阶级革命，而马尔萨斯则对他们的思想进行了批判，这是其《人口论》的写作缘起之一。

然,就骂他们是文明社会的罪恶的拥护者,只因此种罪恶于他们有利。他说他们那种人,乃为自身利益,而以悟性卖淫,其智力微小,不足理解任何伟大而高尚的事情,其眼光狭隘,不能看见一丈以外,所以,开明的人道爱护者的见解,他们是绝对不能容纳。在这不宽容的论争中,真理的本旨只有受害。问题两方面真正良好的议论,不许有适当的估量。各自固执各自的理论,都不高兴注意反对派的意见,来修正或改善自己的理论。

现制度的支持者,对于政治上的思辨,总是非难。对于社会完成可能性的推理根据,他决不要退下来,一加吟味。要他费神,以正当而公平的方法,暴露这些根据的误谬,更加无望了。

思辨哲学家,同样违背真理的本旨。他憧憬着社会更幸福的状态,而以最魅惑的色彩绘画这社会的幸福。他不用聪明才力,来讨论铲除罪恶的最好又最安全的手段。人类要进向完成,就连在理论上,亦似有许多可怕的障碍,但对于这点,他似乎一点亦不知道。他所自许的,只是肆意嘲笑现在一切制度。

正当的理论,常常要由实验证明。这是哲学上一个公认的真理。有这多冲突,这多细微事情会在实际上发生,要预见它们,哪怕最广博最有洞察力的知力,亦几乎不可能。所以关于某一些问题,任一种理论,经不起经验的考试,即不得称为正当。一种未经实证的理论,在未充分考虑,并明白的合理的驳斥一切反对论以前,说是近似的,已经不行,说是正当的,还更不行。

关于人类及社会完成可能性的思辨,有些,我曾极感兴趣地阅读过。他们所描出的魅惑的光景,曾使我兴奋而愉快。我切望有这样幸福的改良。但据我看,据我的悟性看,改善的途中,实存有巨大而不能克服的困难。我现在的目的,即是说明这诸困难。同时,我得声明,这种困难,虽然是制胜革新派的原因,但我并不以此自喜。没有什么,比这诸困难的完全除去,会给我以更大的快乐。

我将举示的最重要的议论,确乎不是新的。它所根据的原理,赖有休谟,得到了一部分的说明,但亚当·斯密博士的说明,

第 一 章

还更详细。华莱士，曾提出这议论，并应用它到现在这问题上来，不过他的应用，不曾按照适当的效力，又不曾应用在最有力的观点上。也许，还有许多著作家说明过这个议论，但我不曾看见。我虽然要把它应用在另一观点——与我前此所见的观点均有若干不同的观点——上面，但若它曾经得到正当圆满的答复，我是当然不想再把它提出。

人类完成可能性的辩护者那一边何以会有这种忽略，是不容易解释的。我不能怀疑葛德文孔多塞那样的人的才能。我不愿怀疑他们的公平心。据我的悟性看来，也许据许多其他人的悟性看来，这困难都似乎是不能克服的。但这些论才能及知力均已有定评的人，却不大肯注意这困难，而以不折不挠的热心，不渝的自信，持续他们的思辨。我确乎没有权利，说他们故意闭着眼，不看这诸议论。它们为这些人所忽视了，无论它们的真实性怎样激动我的心，我亦宁可怀疑它们是不妥当。在这方面，我们必须承认，我们一切人都太易陷于误谬了。设有一杯葡萄酒再三献奉在一个人面前，他不注视，我往往会疑心他是瞎子，不然，就太不懂礼节。但更公正的哲学家却教我宁可这样猜想，是眼睛欺骗了我罢，我想象中的献奉，实际并不存在。

在进论这议论之前，我必须声明，我在这里，必须从这问题，把一切仅仅的推测，把一切假设，——其盖然的实现，不能根据任何正当的哲学理由来推论——排除出去。某著作家或将告我，照他想来，人类终有一日变成鸵鸟。我不能适当地反驳这种猜测。不过，有理性的人们，都不会听从他的意见，除非他先说明人类的颈，是在次第增长，唇是在次第硬化而突出，腿与足是日在变形中，毛发已开始变成毛管。这奇怪的突变之盖然性未曾说明以前，即叙述人类在这状态下将如何幸福，描写他们疾走飞翔的能力，说他们将贱视一切片面的奢侈，仅被雇用来集取生活必需品，从而，在这情况下，每一个人分内的劳动均将轻快，闲暇均将充分，那实在是徒费时间，徒劳舌辩。

我以为，我可适当的定下两个公理。

人　口　论

第一，食物为人类生存所必需。

第二，两性间的情欲是必然的，且几乎会保持现状。

这两个法则，自从我们有任何人类知识以来，似乎就是我们本性的固定法则。既往，我既不曾看见此等法则的任何改变，我们当然没有权利可以断言，于今日为然者，于将来当为不然——除非最初调整世界组织的神力，有某种直接的活动。但神为了创造物的利益，依然是按照固定法则，来遂行宇宙上种种作用。

我不知道有没有著作家，曾设想人类在这世间，能不食而生存。但葛德文曾推测两性间的情欲，将来或可灭绝。他既声明了，他著作的这一部分，踏进了推测的境界，所以我现在除了说人类完成可能性的最好论据，是从大进步的预期——即，人类已从未开化状态大进步，他将停止于何处，难于断言——推论得来，此外，就不要再说什么。但两性间情欲灭绝倾向，却是一向没有何等进步。那在今日，和在二千年前或四千年前，是一样有势力。个人的例外，在今日固有，在往日亦常常有。这种例外的数目既不见增加，那么，单依据例外的存在，推论这例外将成为原则，原则将成为例外，当然是一种极不哲学的论辩法。

我的公理一经确定，我且假定，人口增殖力，比土地生产人类生活资料力，是无限的较为巨大。

人口，在无所妨碍时，以几何级数率增加。生活资料，只以算术级数率增加。略有数学知识的人，就会知道，与后一种力比较，前一种力是怎样巨大。

按照人类生存必需食物的自然法则，这两个不平衡力的结果，必须保持平衡。

这当中，包含一个强大而不绝活动的妨碍，在阻止人口增加，此节生活困难。这困难必在某些处所发生，并为大部分人类所痛烈感到。

自然，用最滥费最自由的手，在动物界植物界，撒布生命的种子。但育成此等生命种子所必要的场所与营养，她却比较的吝于给予。这地上含有的生命的芽，若能有充分的食物，充分的

第 一 章

场所供它繁殖,数千年,就会充塞几百万个世界了。但自然法则的必然性,将限制此等生物于一定的限界之内。植物的种类与动物的种类,悉畏缩于这限制的大法则之下。人类虽有理性的努力,亦不能避免此法则。在动物及植物的场合,这法则的结果是种子的浪费、病害及夭折。在人类的场合,是贫穷与罪恶。前者,贫穷,是这法则绝对必然的结果。罪恶是最可能的结果,我们虽看见它非常流行,但也许不应说它是绝对必然的结果。道德上的磨砺,会抵抗一切罪恶的诱惑。

人口增殖力及土地生产力这两个力,自然是不平衡的,而大自然法则,却必须继续使其结果平衡。这就是社会完成可能性途中,我认为不能克服的大困难。与这议论比较,其他一切议论,都是轻微而不关重要的考察。对于这贯通全生物界的法则的重压,我看不出,人类能有何种方法可以避免。任何幻想的平等,任何大规模的农业条例,也不能除去这法则的压力,甚至要把它除去仅仅一世纪,亦不能够。要社会上全体人的生活,都安逸,幸福,而比较闲暇,不必悬念自身及家族的生活资料如何供给,那是无论如何亦不可能。

从而,如果前提是正当的,则所得结论,必然是否认人类全体的完成可能性。

以上所述,是议论的一般纲领。以后,我尚须详细讨究。我想,经验——一切知识的真源泉与其基础——必定会证明她的真理。

法国大革命 1792年,巴黎人民攻占王宫,废除王权,法兰西共和国宣布成立。

第 二 章

· Chapter Two ·

人口及食物的增加率不同——这二增加率不同必然会生出的结果——此等结果在社会下层阶级状况上所生出的一进一退情形——为什么理由这一进一退的情形不能如所期望的被人注意——此书一般议论所根据的三个命题——提议就这三个命题,考究各种已知的人类生存状况。

第 二 章

我说，人口在无所妨碍时以几何级数率增加，人类生活资料以算术级数率增加。

我们且一考察这命题是否正当。

我以为，从来没有一个国家，（至少我未闻知一个国家）在那里，民俗如此纯粹而单纯，生活资料如此丰饶，以致早婚没有任何妨碍，下层阶级都不恐惧家庭的供给不足，上层阶级亦不恐惧生活状况降低。从而，据我所知，没有一个国家，人口增殖力的作用，是完全自由。

无论婚姻法曾否制定，天性与道德的指令，似乎总是及早和一个女人同居。设择偶不良又有改选的自由，这自由，在未达到大恶程度以前，决不致影响人口。而且，我们现在方要假定，这个社会不大知道罪恶这一回事。

在甚平等，甚有德，风俗纯粹而单纯，生活资料又如此丰饶，致社会各部分，都不须恐惧一家给养不足，人口增殖力的作用毫无妨碍的国度内，人口增加，与已知的任何增加比较，都显然是更大得多。

美利坚合众国，比欧罗巴近世任何一国，都有更丰富的生活资料，更纯粹的人民风俗，从而，早婚的妨碍亦更少。那里，我们就发现了人口每 25 年增加一倍。

这增加率虽不是最高的人口增加力，但作为实际经验的结果，我们且把它看作是原则。我们说，人口在无妨碍时每 25 年加倍，或按几何级数率增加。

我们再在地球上任取一地域来观察，比方，就在这岛国，观察它所提供的生活资料，能以什么比率增加。我们且先观察这岛国在现耕作状态下的情形。

◀美国独立战争中的一个战斗场面。美国独立后，人口增长非常迅速。马尔萨斯描述那里的人口每 25 年增加一倍。

人　口　论

　　我假定,因有尽可能最良的政策,因开拓了更多土地,因大奖励农业,这岛国的生产物,在最初 25 年间增加一倍,我想,那是顶多了,随便那个,也只能要求我这样假定。

　　在第二个 25 年间,决不能假设生产物能够四倍。关于土地性质我们所有的一切知识,均不容我们这样假设。我们所能想象的最大限度,是第二个 25 年间的增加额,或可与原生产额相等。这虽与真理相去甚远,但我们就假定这是原则罢,假定这岛国,得依大努力,在每 25 年间,以与原生产额相等的生活资料量,增加其全生产物罢。最热情的思辨家,也不能假想比这更大的增加。像这样的增加,只要二三世纪,就会使这岛国每一亩土地,耕得像菜园一样。

　　但这增加率,分明是算术级数的。

　　所以我说生活资料以算术级数率增加,是正当的。

　　然后,我们把这两个增加率的结果,综合起来看。

　　这岛国的人口,算约 700 万。我们假设现生产物,恰好足够维持这个人数。在最初 25 年间,人口为 1 400 万,食物亦加倍,生活资料与人口的增加相等。在第二个 25 年间,人口将为 2 800 万,生活资料仅足维持 2 100 万。在第三个期间内,人口将为 5 600 万,生活资料仅足维持这人数的半数。100 年了,人口将为 11 200 万,生活资料却仅足支持 3 500 万。其他 7 700 万人,遂全无给养。

　　大批人民迁出,必然暗示了他们所离弃的国家,有某种不幸。倘非原住国有何等强烈的原因,使其不能安居,或迁往国有何等巨大的利益,可以希望,则离弃亲族戚友与故国,而定居于不曾习惯的异国风土中,实非人之常情。

　　为使议论更为一般,更不为人民迁出的局部观察所间断计,我们且不以一地域,而以全地球为考察的对象,假设人口增加的妨碍,已普遍除去罢。设全地球所提供的人类生活资料,得在每 25 年间,以与全世界现生产额相等之额增加罢。这个假设,无异承认土地生产力是绝对无限的。无论我们怎样想象,人类的

第 二 章

努力，也不能造成这样大的增加率。

随便假定世界有多少人口，比方假定有 10 万万罢，人类将以 1、2、4、8、16、32、64、128、256、512 那样的增加率增加；生活资料却将以 1、2、3、4、5、6、7、8、9、10 那样的增加率增加。225 年内，人口对生活资料即将成 512 对 10 之比。300 年内，将成 4 096 对 13 之比。2 000 年内，生产物虽有极大量的增加，差额亦会弄到几乎不可计算。

土地的生产，即令没有任何限制，得永续增加，至比任何有限量为大，人口增加力也依然占着优势。要使人口的增加与生活资料的增加相平衡，只好依赖这强力的必然法则，连续的发生作用，以妨碍那较大的力。

以下就要讨论这妨碍的结果。

在植物界动物界，这问题的观察是单纯的。有一种强力的本能，驱使它们去繁殖种属。这本能，没有理性为之妨碍，亦没有儿孙给养何出的疑惧为之阻碍。设有余裕，其增加力即行发挥。到后来，因场所及营养的不足，过剩的结果，才被压止。这在动植物，是共通的。但在动物，又有互相残食的事情，为其抑压。

在人类，这妨碍的结果，就更复杂了。

人，有同样有力的本能，驱使他们去繁殖种属，又有理性妨碍他们的行程，考问他们，设不能供儿女以生活资料，是否可以不生育。在平等状态下，这还是单纯的问题。但在现社会状态下，再有其他的考虑要发生。生活地位将减低么？要比现今忍受更大的困难么？非更为劳苦不可么？如果有大家庭，他竭力劳苦能扶养他们么？会眼见儿女冻馁，不能使其暖衣饱食么？将因此不能自立，而仰给于刻薄的慈善家么？

在一切文明国度，及早与一女人同居的自然命令，据说，就因有此等考虑，致有许多人不能遵从。实际亦确乎如此。这种限制，即令不是绝对会，亦几乎必然会生出罪恶。不过，任何社会，甚至最放纵邪恶的社会，合乎道德的与一个女人同居的倾向,总是十分强烈,所以,总有一种不断的努力,要增加人口。这种不断的努力,将引出一种不断的倾向,要陷社会下层阶级于贫困,从而使他们的境遇,不能有任何永续的大改良。

惹起这诸种结果的方法,似乎是这样。

假定某一国的生活资料,恰好足够该国居民度安乐生活。在最放纵邪恶的社会中也能发现的增加人口的不绝努力,会使人数的增加,抢在生活资料的增加以前。原先维持700万人的食物,现今要维持750万人或800万人。因此,贫穷人必须度遥较为劣的生活,他们中有许多,还不得不陷于悲惨的困穷中。劳动者的人数,亦超过市场上的职业的比例,劳动的价格遂趋于减少;同时,生活必需品的价格,却会趋于腾贵。劳动者要使其所得不减于前,必须作更劳苦的工作。在这困难期间,结婚的妨碍及扶育家庭的困难,是如此大,人口增加遂于以停止。这期间,劳动的低廉,劳动者的众多,劳动者加勤工作的必要,将鼓励耕作家,使在土地上雇用更多的劳动,开拓新的土地,对既耕土地加以更完全的肥料及改良,直到后来,生活资料,再像当初一样,与人口保持同一比例。劳动者的处境,得再有相当的安乐,而对人口的限制,亦得稍稍放弛。幸福之一进一退,就是照这个模样反复下去的。

这种一进一退的情形,非皮毛的观察者所注意。要知进退的时期,就连最富有洞察力的知力,亦感困难。一切古代国家,都多少有这种一进一退情形的。虽然因有种种抵消的原因,致使这种情形,比我所描写的,遥较为不明了,不规则,但对于这问题深有考察的思考家,均不能对此怀疑。

这种一进一退的情形,何故会比自然所可预期的,更不明了,更不与经验相符合呢,这当中存有许多理由。

主要的理由是,我们所有的人类历史,只是上层阶级的历史。这种一进一退的情形,却主要发生于别一阶级身上。关于这阶级人民的风俗习惯,很少有可靠的知识。对于一个民族一个时期,要有这样一部可靠的历史,必须用富有观察力的知力,

第 二 章

作长期继续的细密的观察。考察的对象如：成年的人数,对结婚的人数,保持何种比例；由限制婚姻而生的放纵邪恶的风俗,是怎样盛行；社会上最贫困阶级和社会上生活较优裕阶级的儿童,有怎样的比较死亡率；劳动真实价格的变动怎样；就安乐与幸福一点而言,同时期不同时间,社会下层阶级的状况,有怎样的异点可以观察。

这样一部历史,大可说明,对人口增加的不绝妨碍,是在什么情状下,发生作用；也许还会证明上述那一进一退的情形,确实是存在的。不过,它们的进退期间,必然是不规则的,因为有许多别的原因为之障碍。那比如,某种制造业的发生或失败,农业企业精神的加强或减弱,战争与疫疠,救贫法,缩短劳动但不按比例扩大商品市场的方法的发明,尤其是,劳动的名义价格与真实价格的差异——这情形,也许比任何其他情形,都更能掩饰这一进一退的情形,而使一般人不能看见。

劳动名义价格的普遍下落,是极少发生的事情。但我们很知道,在生活必需品的名义价格著著昂腾的时候,劳动的名义价格往往依旧。事实上,这便是劳动价格之真实的跌落；在这期间,社会下层阶级的境遇,自必愈趋愈劣。农业家及资本家,却因劳动的真实低廉,而愈趋愈富。他们的资本增加,使他们能雇用较多数的工人。工作机会甚多；劳动价格遂于以腾贵。但一切社会都有几分的劳动市场的不自由,（或起因于教区法,但更一般的原因是富翁团结便利,贫民团结困难）会抑制劳动价格,使不能在自然时期提高起来,以致低落趋势,得依然延续一个时期,也许要到歉收年度,才有止境。那时候,诉声喧闹,必要性过于明白了,以致不可抗拒。

劳动价格上腾的真正原因,遂被蒙蔽了。富翁们,以为他们提高劳动价格,乃是对贫民的同情与好意,只能行之于歉收年岁。年岁丰足,他们看见劳动价格不再下落,竟起而发不平鸣。这种控诉,其实是顶不合理的。稍一反省,就会知道,劳动价格老早就须提高,所以不曾老早提高的,乃由于他们自己的不正当的阴谋。

不过,富翁的不正当的团结,固足屡屡延长贫民的困苦时期,但任一种可能的社会体制,亦恐不能在不平等的国度,使大部分人,在一切人平等的国度,使全体人,避免贫穷的频频发生。

这真实命题所根据的理论,依我看来,是极其明了的,所以我觉得很费踌躇,去猜想某一部分能被否定。

人口增加,不能无生活资料,这命题如此明了,已不必要有任何证明。

有生活资料的地方,人口必定会增加,这命题是一切民族的历史所能充分证明的。

而且,占优势的人口增加力,非惹起贫穷或罪恶,即不能限制。试一参证人生的杯中,含着这样大部分的贫穷与罪恶,而引起贫穷与罪恶的物理原因,又在继续发生作用,这命题就有太教人信服的证据了。

但因要更充分确定这三个命题的妥当性,我们且一考究人类所经历的种种已知状况。我想,一种匆匆的观察,已足使我们,相信这诸命题是无可辩驳的真理。

第 三 章

Chapter Three

略略考察未开化的或狩猎的状态——牧畜国或侵略罗马帝国的未开化民族——人口增加力优于生活资料增加力——北方移民大潮的原因。

第 三 章

在最原始的人类状态下，狩猎是主要的职业，而且是获取食物的唯一方法。生活资料撒布于广大领土内，比较起来，人口必然是显着稀薄。据说，北美印第安人，比任何其他人种，两性间的情欲，都更不强烈。但就连在那民族间，这情欲，这人口增加力，亦似乎常常较生活资料增加力为强大。任一部落定居在肥沃地方，有了比狩猎更为丰饶的营养料的来源，比较迅速的人口增加，就会发生。这是屡屡可以看到的，当一印第安族的家庭，定居在欧罗巴人居留地的近旁，采纳更安乐更文明的生活方法时，一个女人往往会生育五六个以上的儿女，（虽然每个家庭难得有一两个儿童发育成人）关于好望角附近的浩登台族，可以作同样的观察。这些事实，证明了狩猎民族的人口增加力，较生活资料增加力，更为优越；并证明了，这优越力，如许其自由作用，即常常可以表现出来。

尚待研究的，是这种优越的力，能否不伴起罪恶或贫穷，而予以妨碍，并使其结果，得与生活资料平衡。

北美的印第安人，当作一个民族，决不能适当的称为自由平等。关于他们，我们所有的一切记载，实在说，关于大多数未开化民族，我们所有的一切记载，都表明了那里妇女对于男人，比文明国贫民对于富翁，更处于奴隶地位。国民的一半，作了他一半的奴隶。抑阻人口增加的贫穷，照例，必然是主要落在社会最下层阶级的人身上。在最单纯的状态下，人的婴孩期，也是最要当心的。但这种必要的当心，当时的妇女不能给予。照例，她们注定了要陷在常常迁徙的不便与困难中，且须继续陷于不断的苦役中，准备一切物以款待其暴君。他们做这种苦役的时候，或在怀孕期中，或背负孩童，因而屡屡惹起流产的事情，而且，除了

◀ 南征北战的蒙古游牧民族部落首领成吉思汗（1162—1227）。马尔萨斯认为蒙古族南侵中原的原因是食物缺乏，人口增加超过生活资料的增加。

人 口 论

最顽强的婴儿,大都不能发育成人。此外,在未开化人间,又不断发生战争;他们的工作,往往必须抛弃年老无助的父母,悖逆第一种自然的感情。这光景,自然难免贫穷的污点。在估计未开化民族的幸福时,我们必不可专注目于战士的豪华生活,他是一百个中的一个。他是绅士,是幸运儿,逢到了好机会。在这幸运儿——他的守护神,自他幼年到壮年,保护他经历了无数危险——产生以前,有许多努力,曾经失败。要比较两国,须比较两国最相近似的阶级,这才是真的比较点。依此,豪华的战士应与绅士相比较,妇女儿童老人却应与文明国社会下层阶级相比较。

根据这简单的考察及狩猎民族的记载,我们推论:因为食物稀少,他们的人口是稀薄的;如果食物大增,他们的人口会立即增加;除未开化人的罪恶不问,贫穷即是压抑人口增加力,使其结果与生活资料相均衡的妨碍。这推论,不是正当的推论么?实际的观察与经验,均将告诉我们,除了少数局部的暂时的例外,这妨碍在今日还是不绝行于未开化民族间;理论又将表明,一千年前,这妨碍的作用,也许几乎有同等的强力,而今后一千年,这妨碍亦不致大为加强。

关于未开化民族的状态,我们知道得很少,关于牧畜民族——人类进化的第二种状态——间盛行的风俗习惯,我们的知识还更少。但因缺乏生活资料而起的一般命运,(即贫穷)这诸民族亦不能避免。关于这事实,欧洲及世界上一切最娇丽的国家,都有充分证据可资查考。鞭策西昔安游牧民,从他们的原住所,像大群饿狼一样追求食物的,即是贫乏。为这极有力的原因所策动,野蛮人的云,从北半球各地,集合拢来。他们师行所至,天日为之黯然生惧,他们的集合体,终于隐蔽了意大利的太阳,使全世界陷于普遍的黑暗中。地球上,这最娇丽的地区,遂长期感到且深刻感到一种如此惊人的结果。这结果,即可归因于一个单纯原因,即人口增加力优于生活资料增加力。

第 三 章

　　大家知道，牧畜国不能支持耕种国那样多的住民。但牧畜国所以这样不可侮，乃因他们有率同移动的力量，他们时时有奋发这力量，来寻觅新牧畜地的必要。富有家畜的部落，眼前的食物总是非常丰富的。在绝对必要的场合，母畜亦可屠杀。在这情状下的妇女，比狩猎国的妇女，遂有更安乐的生活。男子勇于协力，专心致志于迁徙，而为其家畜觅得牧养之地，但关于家庭之扶养，他们却很少悬顾。这诸种原因合作起来，不久就生出了自然不可避免的结果。人口膨胀。更频繁而迅速的迁徙，遂有必要。一个更广漠阔大的领土，依次被他们占领了。他们周围的荒地，愈益扩大。缺乏，苦扰着社会上更不幸的分子。直到后来，不能支持全体人的情形太明白了，已无可否决。青年人，遂从母体分出，尝试去开拓新地，拔出剑来，为自己，找寻更幸福的地盘。"全世界任他们纵横。"为现在的困穷所不安，为更美丽前途的希望所兴奋，为大胆的冒险精神所激励，这班勇敢的冒险家，对于一切和他们为敌的人，遂成了不可侮。他们所到的地方，如果是和平的，他们便长驱直入。如所碰到的，是和他们自己相类的部落，其斗争即是生存竞争。他们以拼死的勇气相战。因为他们觉得，死是战败的惩罚，生是战胜的奖励。

　　在这些未开化的斗争中，必有许多部落完全消灭。有些，也许由困难及饥馑而灭亡了。别一些，却因星光给了他们一种更幸福的指导，而渐渐成为强大的部落，结果，再派遣冒险者，寻求更肥沃的地盘。为地盘及食物而生的不断的斗争，惹起了人命的大浪费，但这浪费卒因强大的人口增加力——这种力，因有不绝迁徙，得在若干程度上，自由发生作用——取得了有余的补充。迁往南方的部落，虽由继续战争，才把这块更肥沃的土地夺得，但其人数与势力，依然由生活资料增加而迅速增加了。直到后来，自中国边境起，一直到波罗的海岸，都为勇敢顽强冒险，耐劳好战的种种野蛮种族所占居。有些部落，维持着他们的独立。别一些部落，却委身于某野蛮巨酋之麾下。这巨酋，领导他们战胜了又战胜，尤其是领导他们到富有谷麦酒脂的地方，那里是他们所常常渴望的理想乡,亦即是他们劳动的大报酬。亚拉里克、阿提拉、成吉思汗以及彼等的重臣,所以久战不息者,或仅为了名誉,为了大征服者的名声。但促起北方大移民潮的真正原因,使其继续推进而侵袭中国、波斯、意大利及埃及的真正原因,却是食物缺乏,人口的增加超过生活资料的增加。

在一定期间内牧畜国的绝对人口,与版图的面积相较而言,决不会甚大,因为占领地有一部分是不生产的。但那里人类的代谢,似乎最为迅速。一些人为战争或饥馑的大镰刀所薙倒了,别一些人马上会起来接替他们的位置,其人数还会更多。在这些勇敢毫无顾虑的野蛮人间,人口增加也许不像现在一样,得由未来困难的恐惧,受到妨碍。他们之中,盛行一种希望,即希望由迁徙而改良境遇;他们对于掠夺,有不绝的期望;在困穷的场合,他们有权售卖儿女,使其为人奴隶。此外,野蛮人的性格,又天生是毫无顾虑的。这一切,共同作用起来,使人口增加;直到后来,再为饥馑或战争所抑压。

境遇不平等的地方——牧畜民族就有这种不平等——由生活必需品缺乏而起的困穷,必最激切的,落在社会最不幸的分子身上。这困穷,在妇女——丈夫不在家,她们常常会突然被人掳掠,但丈夫复返的希望,又往往成为绝望——亦屡屡尝到。

我们不充分知道这种人民的详细历史,所以不能正确指定食物缺乏的困穷,主要是落在谁一部分人身上,亦不能正确指定这种困穷,是在什么程度上为一般所感到;但我想,根据牧畜民族的一切记录,我们说,随便什么时候,如果生活资料因迁徙或其他原因增加了,人口就一定会增加,然进一步的人口增加,却会受到妨碍,贫穷与罪恶将使实际人口与生活资料相平衡,亦未始就是不适当的罢。

那里,即不说妇女间盛行不道德的习惯——这常常是人口增加的妨碍——我想,我们也须承认,战争的行为是罪恶,战争的结果是贫穷。食物缺乏的贫穷,是谁也不能怀疑的。

第 四 章

Chapter Four

> 文明国的状态——欧罗巴现在,比恺撒时代,人口也许是遥较为多——计算人口的最好标准——休谟所提倡的人口计算标准,其中有一个,也许是错误的——欧洲现在大多数国家,人口增加都很迟缓——第一个妨碍或预防的妨碍,就英吉利的情形来考察。

第 四 章

人类进化再次一个阶段的状态,是牧畜与耕作混合。此二者以种种比例互相混合,现在文明国家大多数还是保留在这状态中。当我们就这问题考察这状态时,我们可以拿日常所见,拿实际经验,拿一切人所能观察到的事实,来帮助我们考察。

在稍有思想的人看来,欧罗巴的主要国家如法兰西,英吉利、德意志、俄罗斯、波兰、瑞典及丹麦的人口,无疑比较以前遥为巨大。古历史家的夸张,是不足为据的。他们的夸张,显明是因为一个人口稀薄的国家,如果集合拢来,同时总移动以觅取新地盘,外表上亦就不可取。何况除了这种不可取的外观,他们的迁徙还是按期发生的。无怪南方的怯弱民族,会认北方为人类云集的处所。不过,现今我们关于这一问题的更近一层更正一层的观察,却使我们看见了,这推论全然是背理的。由威尔士及我国北部驱家畜来者,不绝于道,但若因此断言,那里是英吉利全国最生产的地方,岂不显然是背理。

今日欧罗巴大部分,较以前有更多的人口,所以如此者,乃因住民之产业,使此等国家能生产较大量的人类生活资料。如果假定领土有这样大,足供输出与输入,奢侈与俭朴习惯,又非一成不变,我想,人口继续与土地所产食物保持正常比例的命题,很可说是一个无可辩驳的命题。如能明白断言,该诸国现今的平均生产物,综合计算,已比恺撒时代更大,则古今人口孰多孰少的争辩,马上就决定了。

中国是世界上最肥沃的国家,那里几乎一切土地都在耕作,有大部分土地是每年收获两次,人民生活又甚节俭。只要知道这几点,我们就已有把握,推论那里的人口甚多。用不着再费神考察那里下层阶级的风俗习惯,那里是奖励早婚了。不过,这种

◀ 古代中国在西方人眼中是一个富庶强大的国家。《人口论》出版时,正值清朝乾隆皇帝(1711—1799)在位。那时中国的人口不足三亿。

人 口 论

考察是极重要的。要断定人口进一步增加的妨碍,是怎样发生作用,要断定预防人口增加,使不过剩的,是什么罪恶,什么困苦,假如有一部历史,精细记载着下等人民的习俗,也是极有用处的。

休谟曾作文,论古代及近世诸国之人口多寡。在这问题的研究者中,他最少受皮毛观察的蒙蔽。我要发表一种和他不同的意见,是深深感到不敢自信的。但当他融合原因的研究与事实的研究时,他似乎失去了他本有的洞察力,他不知道,在他所列举的原因中,有些,并不能够使他对于古代的实际人口,下任何判断。从这些原因,如能推出任何结论,则所得结论,也许会和休谟的推论,正相反对。如果我们发觉了,古代历史上某一时期,组织家庭的奖励是很大的,早婚是极流行的,独身的人是很少的,我们就可确实断言,那时的人口是增加得很迅速,但不能从此得到彼时人口实际已经很大的结论。恰与此相反。那时的人口,其实是稀薄的,尚有地盘与食物,可维持遥较为大的人口。反之,如果我们发觉了,这时期扶养家庭的困难极大,从而早婚的事情不常发生,有许多男女独身,我们就可确实断言,那时的人口是在停滞中,也许这时候实际人口对土地丰度所持的比例已甚大,再没有地盘与食物,来维持追加的人口。近世国家有许多军人,仆妇,及其他种人不结婚。休谟以为,那是他们人口增加的反证;我却宁可引出相反的推论,以为那是他们人口已经充满的证据。固然,我这推论,亦不必就是确实的,因为有许多人口稀薄的国家,人口还依然是停止的。所以,要使我们的话正确,我们也许可以这样说。同国或不同国,各时期,不结婚人数与全人数的比例,只能告诉我们,各该时期的人口是在增加,在停止,亦是在减少,但不能给我们任何标准,来决定那时期的现实人口。

不过,记载中国事情的书,大都可以发现一种事实,要和这个推理调和,似甚困难。据说,中国一切阶级的人,都极普通的盛行早婚。但亚当·斯密博士,却设想中国的人口是在停止中。

第 四 章

这两种事情,似乎是不能调和的。说中国人口的增加迅速,确乎是不大可能。每一亩土地都老早加入了耕作。我们难想象,那里的平均生产物,每年能有多大增加。早婚一般风行的事实,也许不十分确实。如果早婚果然是一般风行,则用我们现在关于这问题所有的知识,似只能这样说明这难点:即,早婚盛行所必致惹起的过剩人口,有不时发生的饥馑及抛弃婴孩的习惯为之抑压。那里在困穷时候,抛弃婴孩的事情的频繁,简直使欧洲人不能想象。关于这野蛮行为,我们自不免说,要证明人类由食物缺乏所感到的困苦,最有力的证据便是,这种违反最天然感情的习惯,居然可在人间发现。这种习惯,在古代是极普通的,确乎有促进人口增加的趋势。

试一考究近世欧罗巴诸主要国家,我们就会知道,自它们成为牧畜国以来,它们的人口虽是增加得很可观,但现在它们人口的增进却颇迟缓。要使人数加倍,25年已经不够;往往要三四百年以上,才能达到这个目的。实际,有些国家的人口是在绝对停止中,有些国家的人口甚至在退步。人口增进迟缓的原因,不能说是两性间的情欲在衰退。我们有充分理由,想象这自然的性向,尚是一样强旺。然则,何故结果不是人类迅速增加呢?试一精密考察欧洲任一国的社会状况——随便哪一国都可以作全体的代表——我们就能答复这一问题,即,扶养家庭困难的预见,作了一种预防的妨碍,而下层阶级不能给儿女以适当食料及照料的实际困穷,又作了一种积极的妨碍,来防阻人口的自然增加。

欧罗巴最繁荣的国家英吉利,很可引来作例。对这国家的观察,稍加修正,即可适用于人口增加迟缓的一切国家。

预防的妨碍,对于英吉利社会一切阶级,都有某程度的作用。有些最上等阶级的人,因预想他们结婚后,有一家庭,就须节省费用,幻想他们的快乐,结婚后,有一家庭,就会被剥夺,遂不结婚。这种顾虑,虽不重要,但我们所考察的阶级愈低下,这种预防的先见,亦就是越加值得考虑的重要问题。

人口论

一个受了高等教育而其收入仅足使其列为绅士阶级的男子，一定会有这样的感觉，倘若结婚后有一个家庭，他就必致于要与中等的农民及下级的商人为伍，（如果他不限定要和绅士阶级来往）知识阶级中的男子，自然愿意自己所选择的女子，和自己有同样的趣味及感情。如果结婚后，他的地位必致降落，则此娇生惯养的女子，必连累要过不惯这低下的社会交际。一个男人忍心使他的所爱，过一种生活，和她原来的趣味性向极不相容么？社会地位降落二三步——如原位已在知识及蒙昧的邻界上，尤其如此——在一般人看来，决不只是想象的空想的苦痛，而且是真实的本质的苦痛。令人满意的社会，当然是自由平等互助而交相为利的社会，决不是隶属者对保护者，贫民对富翁的社会。

这种考虑，无疑会防止这阶级大多数人，使不遵从早婚的自然性向。当然，有些人，为强烈情欲所驱迫，或为萎弱判断力所诱致，是把这种限制冲突了。像道德的恋爱那样一种愉快的情欲，其满足，当然有时可以抵消一切痛苦而有余，但我恐怕，这只是少数的结果。更一般的结果，当不是抑制谨慎者的先见，而是承认这种先见。

商人及农人的儿子，有人训诫他们不要结婚；当他们未在商业上农业上有固定职业，不能扶养家族以前，他们亦大都觉得有听从这种训诫的必要。但要在商业或农业上寻得固定职业，非有相当的年龄不可。在英吉利，农场缺乏，是一种极普遍的呼声。各种商业的竞争又如此大，所以，要一切人成功，乃不可能。

每日获18便士独身即可度安乐生活的劳动者，因其所得恰足维持一人，所以，在把这微额的薪俸分于四人或五人，以前不免有所踌躇。为了和自己所爱的女子同居，他须忍受更苦的报酬和更苦的工作。但若他是一个有思想的人，他定会感到这样一个问题。应不应有大家庭呢？有大家庭后，是否随便遭逢一种不幸，就不能以节俭劳苦维持一家，只有硬着心肠，看儿女饥饿，不然，就是出卖自立，趋往教区，以求扶助呢？爱自立，是人

第 四 章

同此心的。谁亦不愿从男人的胸怀,除去这种感情。不过,我们必须承认英吉利的教区法,在一切制度中,最能逐渐把这种感情减弱,结局也许会全然把它灭绝。

生活在绅士家庭中的奴仆,还有更坚强难于冲破的结婚限制。他们所有的生活必需品甚至生活享乐品,都几乎和他们的主人,同样丰厚。与劳动阶级相比较,他们的工作是轻快的,他们的食品是丰泽的。他们因自觉不满意时即可变更主人,所以不大觉得自己是在依赖他人。现在他们总算过得舒舒服服。结婚以后则如何呢?他们没有经营商业或农业的知识与资本,亦不惯于经营商业或农业。他们不能由其日常劳动获得生活资料。他们唯一的避居地,似乎即是悲惨的酒家。这对于晚年生活,能提示什么魅人的希望么?对于未来地位抱有这样不愉快见解的他们,遂有大部分,自愿继续其独身生活了。

以上所述英吉利社会情状,如果近于事实——我并不觉得,那有夸张的处所——我们就得承认,在这个国度,人口增加的预防的妨碍,曾以种种强度,在社会内一切阶级发生作用。这种观察,还可同样适用于一切旧国。事实上,这种婚姻限制的结果,在世界各地,都很显著的,表现成了罪恶。这些罪恶,曾不绝的,使两性男女,卷在不可收拾的不幸中。

萨里风光

第 五 章

Chapter Five

> 第二个妨碍或积极的妨碍，就英吉利的情形来考察——何故在英吉利征集了这莫大的金额仍不能改善贫民状况——救贫法之有力趋势，是取消它自身的目的——缓和贫民困苦的方案——根据我们本性的固定法则，要由社会下层阶级，完全除去贫乏的压迫，是绝对不可能的——对人口增加的一切妨碍，都可还原作贫穷与罪恶。

第 五 章

　　人口开始增加后才与以抑压的妨碍,我称之为人口增加之积极的妨碍。这种妨碍,虽非绝对的只生于社会最下层阶级,但大体是仅生于这一阶级。在一般人看来,这种妨碍,比前一种妨碍,是不那样明白的。要明白证明这妨碍作用的强度与范围,我们现在所有的材料,也许还很不充分。但我相信,凡曾注意死亡表的人,都会承认,在逐年死亡的儿童数中,必有非常大部分,其父母不能给他们以适当的食料与照料。他们不时要蒙受悲惨的困穷,也许还只许住在不卫生的住所,作艰苦的工作。贫民儿童的死亡,在一切都市上,都是随时可以注意到的。那在农村,当然没有这样厉害;但我们对于这问题,既然一向没有充分注意,所以现在任何人亦不能说,农村贫民的儿童,不比中等阶级上等阶级的儿童,有更大的死亡率。一个有六个儿女的劳动者的妻,既时时绝对感着食物缺乏,要她常常给儿女以维持生命所必要的食料与照料,当然是难于想象。农民的儿女,在现实生活上,并不像小说所描写的那样,像似红颜的小天使。生长在农村的人,往往觉得,劳动者的儿女,极容易在发育上受到沮害,他们要成熟,必须经一长时期。问起来,已有 18 或 19 岁的儿童,看起来,也许只能猜是 14 岁或 15 岁。扶犁当然是一种卫生的作业,但立在小牛后面扶犁的青年人的腿,乃不易为人所看见。这情形,除了归因于食料不良或食料不足,还有什么原因可以假设。

　　为要救济普通人民常常发生的困穷,在英吉利,遂有救贫法之制定。但我怕,这种法律,虽可稍稍减轻个人厄运的强度,但曾把此一般弊害,散布于遥较为大的面积。英吉利,年年为贫民

◀工业革命。西方圈地运动和工业革命使大批人们受到了双重排挤,失去了所有生活资料来源,陷入极端贫困之中。这是英国济贫法的社会背景。但是马尔萨斯反对济贫法,因为他认为济贫法不但没有消除贫困,反而是在生产贫困。

人 口 论

征集一个这样大的金额,但贫民间的穷苦依然不减。这事实,曾屡屡引起辩论,提到这问题的人,总是大为惊讶。有些人以为钱被人侵吞了,有些人又以为钱的大部分,必定是被教会委员或监督员消费在宴会上了。但一切人都同意,这笔钱的管理法是极不得当的。总之,英吉利每年为贫民征集将近 300 万,而贫民困穷依然无法除去的事实,曾不绝使人惊讶。但若稍稍观察事情的底里,则使我们惊讶的,不是这事实。反之,假若结果不是这样,假若以每镑抽十八先令的办法代替每镑抽四先令的办法,就能把结果改变过来,我们必更为惊讶。且举一例使我希望,这个例,能说明我的意思。

假设由富人捐助,每日得 18 便士的人,均可得五先令,我们也许会推想,他们此后即可度安适生活,每餐可添一片肉。但这是全然谬误的结论。每日以三先令六便士移转给每个劳动者,不会在国内增加肉的分量。现在还没有那多的肉,足使每一个人得到优秀的一份。然则结果将如何呢?肉市场上,购买者的竞争,马上会提高肉的价格,使由每磅六便士或七便士,涨至每磅二先令或三先令。因此,分享这商品的人数,并不会比现在更多。当一种物品稀少不能分配于一切人时,能表示最坚实的特许权者,换言之,出钱最多者,才成为该物品的所有者。设若购肉者间的竞争,能继续到那样久,致令逐年所畜的牲畜数目,得以大增,那就只有牺牲谷物。这分明是一种极不利的交换。因为,这时候,这国家必不能支持同样的人口。生活资料与人数比较既形缺乏,最下层阶级的人,究是每日得 18 便士或是每日得五先令,是毫无关系的。他们无论如何,总得节食至最劣而又最少的程度。

或谓,任一种物品购买者人数增加,均将给生产的产业以刺激,从而使一国总生产物增加。这也许是实在情形。但这想象的富裕,又将给人口增加以刺激。这结果,或不仅会把前一种结果抵消。人口且将超过比例而增加,从而以增加的生产物,分配于增加过度的人口中间。在这场合,我假设工作量还是和先前

第 五 章

一样,但实际并不如此。劳动者每日既不仅得 18 便士,而能领受五先令,他定会觉得,他已经是比较富裕了,已经能够拿许多时间来偷闲了。这对于生产的产业,是一个强烈的直接的妨碍;在短期间内,国家要更贫乏,下层阶级的境遇,亦必较他们每日仅得十八便士时,遥为困穷。

征收富人每磅 18 先令的救贫税,即令以最慎重的方法分配,其结果,亦与前此假设所生的结果相似。富人无论怎样捐助,无论怎样牺牲,亦不能在任何期间内,消灭社会下层阶级——不论他们是谁——的困穷。如果他们所捐助所牺牲的是货币,就尤其是这样。固然,将有大变化由此发生。富人将成为贫民,贫民有些将成为富人。但社会上终必有一部分人感到生活困难;这困难又自然会落在最不幸运的成员身上。

我不能以货币为手段而救起贫民。如不按比例抑压同阶级的其他人,即不能使他的生活比较从前更为舒服。这事,一看似乎是奇怪的,但我相信那是真理。如果我节省我一家所消费的食物量,并把我所省下的物品给贫民,那么,我给了他利益,受苦的只是我自己和我的一家,以外没有别个。这在我们也许是负担得了的。如果我开拓一块未耕作的土地,把生产物给他,受我之惠的,便是他和社会上一切人,因为他先前所消费的东西,即可掷入共同资财中;也许,同时掷入共同资财中的,还有些是新产物。不过,如果我仅给他货币,国家的生产物却依旧不变,那我就给了他一个权证,叫他可以在生产物中,领受一份比从前更大。但不减少别人的份额,他就不能领到这较大的一份。在个别场合,这结果诚然是很小而不可知觉,但那好比空中栖宿的小昆虫一样,虽然小,总归是存在的。

假设某一国的食物量,许多年间全然不变,这食物的分配,必按照各人的特许权①的价值,换言之,看各人对这一般需要的

---

① 葛德文君把祖先遗授的财富,称为模范的特许权。我想,称为特许权是极适当的,但称为模范的特许权,好像它可模范一样,我却认为是不适当的。

商品,能投下多少货币。一群人的特许权的价值,非减少别一群人的特许权的价值,不能增加。这是一个确实的真理。设富者捐助,不节省食物,即可每日给50万人以五先令,结果,这50万人自然会度更安乐的生活,消费更大量的食品,但留下来,分给其余一切人的食物,就减少了,从而每个人的特许权的价值,减少了。银数相等,所能购买的生活资料量,却减少了。

　　人口增加,食物不按比例增加,当然会引出同样的结果,即减低各个人的特许权的价值。食品,必分配成为较小的数量。从而,一日劳动所购的食品量必减少。食品价格的提高,可发因于人口增加速于生活资料增加,亦可发因于社会上货币的分配不同。辟居已久的国家,其食物即有增加,增加亦甚迟缓而规则,决不能供应任何突然的要求,但社会上货币的分配,却不时会发生变动,食物价格所以常常变动,这无疑是原因之一。

　　英吉利的救贫法,依这两种方法,有抑压贫民一般状况的趋势。它的第一个明了的趋势,即是不增加维持人口的食物,而增加人口。一个贫民,虽明知不能独立维持家庭,亦将结婚。在相当程度上,可说这个法律,是供养贫民以创造贫民;人口增加了,国内的食品,必须按较小比例分配于各个人。结果,不仰助于教区扶助的人的劳动,亦比先前,只能购买较小量的食品。他们之中,必有更多的人,被迫而请扶助。

　　第二,养育院里面的人,一般说,决不能说是社会最有价值的部分,但它所消费的食品量,却会减少社会上更为勤劳更有价值的那一部分人的份额。因而,像前一趋势一样,会驱迫更多的人不能自立。设养育院中的贫民,比现在,还能度更优裕的生活,那由此引起的社会货币分配法的变革,一定会引起食品价格的高昂,发生一种倾向,显著的,抑下养育院以外的人的状况。

　　所幸在英吉利,自立的精神,今尚残存于农民间。救贫法的目的,却是灭绝这种精神。这法律曾得部分的成功;但若它如所预期,完全成功了,其有害倾向,或不能掩盖到这么久。

　　虽然在个人的场合似乎太冷酷,不自立的贫困,总应当看作

第 五 章

是耻辱；这样一种刺激，为促进人类大众幸福计，似乎是绝对必要的。减弱这刺激的一般企图，无论其旨趣如何慈悲，总不能达到目的。全然没有或很少独立维持家族希望的男人，因可望教区补助，遂进行结婚，他就不但不正当的受了诱惑，致陷自身及儿女于不幸福不自立的境遇，而且不知不觉的受了诱惑，致贻害他同阶级的一切人。故结婚而不能维持家庭的劳动者，在若干点上，可说是全劳动阶级的仇敌。

我相信，英吉利的教区法曾提高食品价格，减低劳动的真实价格。以劳动为唯一财产的那阶级人，曾因此种法律而陷于贫困。小商人小农民间，本常具有注意与节俭的性格，但贫民间，却有不注意不节俭的习惯。说句俗话，贫穷劳动者，常常过从手到口的生活。他们现在的欲望，支配了他们的注意全部，他们很少顾念到未来。即令有节俭的机会，他们亦很少利用这机会；一般说，非他们现在所必要的，一齐送到酒家去了。这种习惯的养成，无疑有一部分，应归因于英吉利的救贫法，那曾减少普通人民的节俭能力与意旨。一种最强烈的使他们真诚，使他们勤勉，使他们幸福的诱因，就减弱了。

高工资使一切劳动者堕落，是制造家一般的怨声。此等劳动者，设在意外发生的场合，无教区津贴可以依赖，他们或将顾念家族未来的支持，不把高工资一部分，用在酪酊滥费上面，而把它蓄积起来。被雇在制造业上的贫民，即因有教区津贴，费尽其所得工资，能享乐时即享乐。这事实，由下述的事实说明了。当任一大制造厂倒闭时，会有许多家庭，马上要向教区求助。但一究其实，便知道当繁荣时，这制造厂的工资，比普通农村劳动的价格，也许要更高得多，如果他们能够节俭，他节俭所得，或足维持他，到他能够发现另一种职业的时候为止。

一个男人，想到自己病了，死了，他的妻室儿女可到教区求助，遂禁不住要到酒家去；但若他知道，逢到此等意外的时候，他的家族必致饿死，不然，就只有乞食街头，他这样滥费其所得时，或不免会感到踌躇。在中国，劳动的真实价格与名义价格均甚低，男儿尚须扶养年老无助的双亲。救贫法宜否实行于该国，我不敢决定。但我觉得，无论如何，亦不应该用一种成文法，使不自立的穷困，如此普遍，从而把那种羞耻心——为了最善最慈悲的理由，这羞耻心是应该附属于这上面的——减弱。

对于怠惰及滥费，这是一种最有力的制裁。把这种制裁除去，使不能独立维持家庭的男子去结婚，普通人民的幸福总量，是必致于减少的。结婚途中的每一种障碍，当然都要看作是一种不幸。但按照我们的自然法则，人口增加就不免会有某种妨碍。所以，与其奖励人口增加，待后来再受贫乏疾病的抑压，委实宁可让先见或恐惧，来妨碍人口增加。先见即维持家族困难的先见。恐惧即不能自立的贫困的恐惧。

食物与制造品，（其原料极丰饶）有一个本质的差别，这是应当常常记着的。后一类物品的需要，必定能够创造这一类物品，使其数量，符合于其需要。食品的需要，却没有同样的创造力。一切肥沃土地均已被占有的国家，要奖励农业家改良土地，（那在几年内，不能希望有利的收益）高的报酬乃是必要的。在有利的情形尚不足奖励这种农业企图以前，新生产物正在腾贵，其缺乏，必致于惹起大困苦。对追加量生活资料的需要，除了少数例外，是随处随时都有的。但在早已有人居住的国度，我们又可看见，这需要的供应，是怎样迟缓。

英吉利救贫法的制定，无疑是为了最仁慈的目的；但我们有大理由，设想它未曾成就它的目的。那种法律，确曾和缓非此即将极为严重的困苦；但受教区维持的贫民，如综合一切情况来考察，却亦确乎没有因此免去穷困。对于这种法律，还有一个主要的反对论是：一部分贫民所领受的津贴，其本身是否一种恩惠已极可疑，但为了这种津贴，英吉利普通人民全体，遂不得不忍受一种苦痛的不便的暴虐的法律，那与宪法的真精神，是全不相容的。住籍法全部，即在今日的修正状态下，亦极不容于一切自由思想。当一个男子的家庭似乎要没有饭吃，一个可怜的女人将要临盆的时候，教区再加他们以迫害，实在是一种最可耻最讨

第 五 章

厌的虐政。并且,这种法律,还会在劳动市场上,不绝的惹起障碍。这种障碍,对于那班努力自维生计不赖津贴的人,亦有一种不绝的趋势,要使他们感觉困难。

伴救贫法而起的弊害,在若干程度上,是无可救药。这种津贴,如分配于一定阶级人民间,那就必定要把一种权力——辨别谁应受谁不应受津贴,执行必要的种种事务——委托于某一些人。大大干涉别人家的事务,是一种虐政;而在事物的通常进程上,这权力的执行,对于被迫求助的人,亦往往会成为一种苦痛。裁判官,教会委员,监察官的暴虐,是贫民间流行的一种怨辞。但罪过,不在于这些人。在这些人未当权以前,也许并不较其他的人坏。罪过,乃在于这一类制度的性质。

这弊害,也许太深进了,致难于救济。但关于下述那点,我心中是一点疑惑也没有的。即,如果救贫法从来不曾制定,极严重的贫困事件,也许要多发生几次,但普通人民间的幸福总量,却会比现在更大得多。

皮特的救贫案,表面上,是以博爱为旨趣的。反对这法案的嚣声,就许多点说,都是谬误而不合理的。但须承认,这法案,和同类的一切制度一样,颇具有巨大而根本的缺点。即有一种趋势,只增加人口,不增加人类生活资料,抑下原来不受教区津贴的人的境遇,从而造出更多的贫民。

要除去社会下层阶级的贫乏,是一种困难事业。真理是,社会这一部分人所受的困苦的压迫,乃是一种根深蒂固的弊害,非人类智力所能疗治。如要我建议一种缓和政策,能够实行的缓和政策,第一,就是完全废止今日的教区法全部。今日英吉利农民已不能有行动自由;这种废止,却一定能给他们以行动自由。如是,他的居住即可不受妨害,他可择居于工作机会较多劳动价格较高的地方。劳动市场将自由;劳动价格所以长期间不能按需要而提高的种种妨碍,就除去了。

第二,凡开发新地的,给与奖励金,并使农业比制造业,耕地比牧地,更受奖励。使农业劳动比商工业劳动受较劣报酬的种种制度,如同业组合,如徒弟制度等等,及与此有关的种种制度,都应努力使其减弱或灭绝。因为,在这种区别依然有利于工匠的时候,国家决不能生产适当的食物量。奖励农业,既可供市场以追加量的卫生工作,同时又因其可以增加国家的生产物,会提高劳动的比较价格,改良劳动者的境遇。这时候,他的处境既较佳,教区津贴又无望,他将更加能够,亦更加愿意联合起来,防止自身及家族的疫病。

最后,为极端贫困的人计,必须设备县立养育院,但由全国的课税支持,不分县,不分国,凡来仰赖的,概不拒绝。里面的饮食应该粗劣,能工作的,并须强迫他工作。视养育院为困难时节的安乐避难所,是不行的。那只好看作是稍稍救济非常困苦的所在。此等养育院一部分,可以分开来,或为最有利的目的——常常有人注意到这点——另建设一些房屋,准备一个地方,凡是人,不问是本国人抑或是外国人,只要来,就可有日常工作,且都有劳动的市场价格可得。当然哪,个人要做慈善事业,机会亦还是很多。

这种计划的前提,是废止现在一切教区法律,而其结果,却大概是英吉利普通人民的幸福总量增加。要防止贫穷的发生,啊呀!那是人力所做不到的。徒然努力去做天然做不成功的事情,我们不仅牺牲了可能的利益,而且牺牲了确实的利益。我们对普通人民说,如果你们服从一种残暴的法规,你们就永远不会贫乏。他们服从了这种法规;他们履行了他们那一方面的义务;但我们没有履行,不,我们不能履行我们这方面的义务。贫民牺牲了有价值的自由权,但所得回的,没有一点可以说是相等的代价。

因此,英吉利虽有救贫法制度,但我觉得,我们仍须承认,把都市及农村下层阶级状况综合起来考察,他们由食物不良及不足,劳动艰难,住所不卫生所受到的困苦,对于已经开始的人口,依然是一个不绝的妨碍。

在早已有人占据的国家,除了这两种人口增加的妨碍——

第 五 章

我称之为预防的妨碍和积极的妨碍——尚有妇女方面的不道德习惯,大都市,不卫生的制造业,奢侈,疫疠及战争。

这一切妨碍,都可适当的还元作贫穷与罪恶。

近世欧洲一切国家的人口所以迟迟增加者,这些就是真实原因。试一考察,随便什么时候,此等原因一经在颇大程度上除去,比较迅速的人口增加就一定会发生,这个道理也就十分明白了。

济贫院

第 六 章

· Chapter Six ·

> 新殖民地——那里人口迅速增加的理由——北美殖民地——亚美利加腹部殖民地人口异常增加的实例——旧国要从战争疫疠饥馑或自然激变的荒废,回复过来,亦是很迅速的。

第 六 章

　　一般都知道，位于卫生地带的一切新殖民地，因饶有地盘与食物，人口是不断的以惊人的速度增加。古希腊有些殖民地，不要经过极长的时期，其人数与势力，就会超过母国。不要讲得太远，就拿欧洲人在新世界的殖民地来讲罢。那里可提示丰富的证据，来证明一种议论——据我所知，那是从来没有人怀疑过的——的真实性。肥沃土地的取得，仅须支付极少的代价或竟毫无代价。这种土地的多，自然会克制一切其他障碍，而成为人口增加极有力的一个原因。西班牙在墨西哥，秘鲁，居多的殖民地的行政，是再坏没有的了。母国的虐政，迷信，及罪恶，曾大量的移入子国。有法外的赋税，为国王所诛求。在他们的贸易上，有种种最专断的限制。统治人，为他们的主人，还同样为他们自己，而诛求，而夺取。但在这种种困难之下，殖民地人口的增加仍甚迅速。征服后方始建设的利吗市，据乌罗阿说，差不多在 50 年前，已包含 5 万住民。居多，不过是印第安人一个村落，据同一作者说，在他那时候，人口是同样稠密。墨西哥，据说有 10 万住民，即令西班牙诸作家夸张，亦比莫特殊马时代的人口，加了 5 倍。

　　葡萄牙人在巴西的殖民地，其统治，几乎是一样暴虐，但 30 年来，据说已有 60 万欧罗巴系统的住民了。

　　荷兰及法兰西的殖民地，虽为商人的排他公司所统治——亚当·斯密博士说得很对，那种统治，在一切可能的统治中，应该算是最坏的——但在这一切不利的情形下，它们仍继续在繁荣。

　　但英吉利北美殖民地——今日是强盛的北美合众国——进步遥为迅速。西班牙、葡萄牙的殖民地虽亦有甚多丰沃土地，但英吉利北美殖民地除了有这共同点以外，还有较大程度的自由

◀黑死病。17 世纪欧洲的黑死病作为一种自然的恶，导致人口锐减。马尔萨斯认为，黑死病等疾病是抑制人口增长的因素之一。疾病、自然灾害、战争等因素都是阻碍人口增长的因素。如果没有这些因素的阻碍，人口会按几何级数增长。

人 口 论

与平等。那里的国外贸易,虽亦不无限制,但他们处理内部事务,却许有完全的自由。盛行的政治制度,有利于财产的让与及分割。所有者的土地,如不在一定期间内耕作,即被宣告,得为任何他人之所有。在本雪文厄亚没有长男承继权;在新英格兰地方,长子仅得双份。那里任一州都没有什一税,甚至于没有任何赋税。因良地极低廉之故,资本最有利的投资法,即是农业,这种职业,既可提供最大量的卫生工作同时又可提供最有价值的生产物于社会。

此诸有利情形联合起来的结果,也许是历史上无比的,迅速增加人口。通全北美殖民地,人口都发现了是 25 年加一倍。1643 年,原住在新英格兰四省的人数,不过 21 000。① 后来,据说,离此地的人,更多于往此地的人。但 1760 年,那里人口就增至 50 万了。所以那里一向都是 25 年人口增加一倍。在纽吉萨,人口每 22 年增加一倍。在罗特岛,还不要 22 年。腹部殖民地的住民,似单从事农业,不知奢侈,所以人口每 15 年加一倍,这真是异常的例。② 沿岸地方,自然是最先被人占据的地方,其人口要加倍,约须 35 年;临海都市,有些,人口是绝对在停止中。

这些事实,似乎说明了人口增加没有超过比例,对人口增加的两大妨碍——贫穷与罪恶——被除去了;那还似乎说明了,要测量人民的幸福与纯洁,最真确的规准即是人口增加的速率。不过,有些人因职业的关系,必然要驱住都市,而都市的不卫生,便可说是一种贫穷。因维持家庭困难而稍稍妨碍结婚的

---

① 此等事实,录自蒲勒士博士之二卷《观察》中。他曾引用斯台尔博士的小著,但我手边没有此书。

② 就这一类的例说,土地力似乎十分足够应付人类对食物的一切需要。但若因此便假设人口与食物真是永远以同一比率增加,我们就陷入错误中了。其一依然是几何级数率,其他依然是算术级数率。其一以乘法增加,其他以加法增加。在人民稀少沃地丰饶的地方,土地每年增加食物的力量,可比如一大蓄水池,谨由一微微的水流供给。人口增加愈迅速,水流须尽的帮助亦愈多,从而,每年取去的分量亦愈增加。无疑,蓄水池很快就会干的,唯一残存的,是水流。当农田逐渐开发,到一切沃地均被人占有的时候,食物每年的增加,就取决于已为人所占有的土地的改良了;这微微的水流亦将逐渐减少。但人口,如能得食物供给,其增加仍可以用无穷的活力进行。一时期的增加,将供次一时期以更大的增加力。这是没有限境的。

第 六 章

事实,很可列在同一项下。总之,对人口的妨碍,都可还原作贫穷或罪恶。

美利坚 13 州战前的人口,约计 300 万。大不列颠虽因此迁去了若干母体,但并不因此——便在现在,更觉人口减少。反之,某程度的人民迁出,还有利于母国的人口增加。西班牙有两省,其人民最多移往美洲,结果这两省的人口是大增了。不列颠迁入北美殖民地,后来如此迅速增加的人口,原来有多少,我们且不过问,我们所要问的是,为什么一个相等的人数,同时在大不列颠,不能有同样的增加?这当中,大而著的原因,是地盘与食物的缺乏,换言之,是贫穷。这比罪恶,还是一个更有力得多的原因。试一观察要从战争疫疠及其他自然意外事件恢复过来,甚至旧国亦是那么迅速,便知贫穷是一个更有力得多的原因了。在这场合,此等旧国暂时间几有新国的状态;其结果,往往会如所预期。住民的勤劳,如果不曾为恐怖或虐政所破坏,生活资料的增加,很快就会超过减少了的人口的需要。必然的结果是,前此几乎在静止状态中的人口,也许马上就会开始增加。

法伦特斯的肥沃地方,虽常常发生最有破坏性的战争,但经数年之后,又是照常丰饶照常人烟稠密了。甚至于巴拉亭纳特,在可咒诅的路易十四的掠夺之后,亦会再抬起头来。1666 年伦敦发生可怕的黑死病的结果,15 年 20 年后就不觉得了。参考各种记载,中国印度的最有破坏性的饥馑,很快就会不留痕迹。土耳其埃及,虽有黑死病周期发生,使其地荒废,但平均说来,人口是否已大减少,亦还是疑问。那里的人数如已较从前为少,那也许与其归因于黑死病的损失,不如归因于政府的暴虐与压迫——他们就在这情形下呻吟——不如归因于农业所受的妨害。最可怕的自然的激变,如火山喷出,如地震,倘非频频发生,以致驱逐住民,或破坏他们的勤勉精神,对于一国的平均人口,就亦仅有微细的影响。那不勒斯及维苏威山麓地方,虽有火山不绝喷出,人口仍极稠密。里斯本及利马现在,也许,和前次地震前,几乎有同一的人口状态。

经济实力迅速发展的北美殖民地

第 七 章

·*Chapter Seven*·

流行病的一个盖然的原因——苏歇米尔斯表的摘要——在一定场合可以预期的疫病季的周期循环——任一国短时期内诞生数对埋葬数的比例,不足为人口真实平均增加的规准——人口永续增加的最好的规准——生活上的大节俭,是中国印度饥馑的一个原因——皮特救贫法案中一个条文的罪恶倾向——奖励人口增加唯一适当的方法——国民幸福的原因——饥馑,自然压制人口过剩的最后方法及最可怕的方法——认上述三命题已经确立。

第 七 章

因十分注意清洁，伦敦总算全然消除了黑死病。但人口密集，食物不卫生不充足，也许应算在疫病季及流行病的副因之中。我所以如此说，是因为我看过苏歇米尔斯的若干表格。英格兰及威尔士人口论战的跋文中，蒲勒士博士有一个注解，就曾将这些表格，作成一种摘要。此等表格，被认为是极正确的。如果此等表格是一般的，我们当可从此看出人口所以受抑压，人口增加所以不致在任一国超过生活资料的种种方法了。我将摘录这诸表格的一部分，并附录蒲勒士博士的注解。

普鲁士王国及里苏安尼亚公国的人口

年平均	诞生数	埋葬数	结婚数	诞生数对结婚数的比例	诞生数对埋葬数的比例
至 1702 年止 10 年间	21 963	14 718	5 928	37∶10	150∶100
至 1716 年止 10 年间	21 602	11 984	4 968	37∶10	180∶100
至 1756 年止 10 年间	28 392	19 154	5 599	50∶10	184∶100

"注意，在 1709 年及 1710 年，一种传染病杀死了这国住民 247 733。在 1736 年及 1737 年，又盛行一种流行病，防止了人口增加。"

可注意的一点是：诞生数对埋葬数，是在大传染病后 5 年间，保持最大的比例。

◀ 伊丽莎白女王一世（Elizabeth I, 1533—1603）在位中后期，不再对流民采取严厉惩罚，而是送进感化院和强制劳动。济贫也由个人自愿捐助改为政府强制征收济贫税。马尔萨斯对英国政府的济贫法影响很大。1800 年也就是《人口论》出版一年多后，英国首相小威廉·皮特（William Pitt, the Younger, 1759—1806）放弃了他的新的《济贫法》。翌年 12 月，小威廉·皮特接见了马尔萨斯。

波美伦尼亚公国

年平均	诞生数	埋葬数	结婚数	诞生数对结婚数的比例	诞生数对埋葬数的比例
至1702年止6年间	6 540	4 647	1 810	36∶10	140∶100
至1708年止6年间	7 455	4 208	1 875	39∶10	177∶100
至1726年止6年间	8 432	5 627	2 131	39∶10	150∶100
至1756年止4年间	12 767	9 281	2 957	43∶10	137∶100

"在这场合，居民似乎是65年几乎加一倍，没有一次极严重的流行病来妨碍人口增加，但最后期（至1759年为止）直后的那3年，疾病甚多，以致诞生数减至10 229，埋葬数增至15 068。"

在这场合，居民数的增加，比较食品及维持健康所必要的诸种设备的增加，不也许是更迅速的吗？在这假设下，人民大众必须度更艰苦的生活，且有更多的人数，拥挤在一个屋子里面。此等情形，说是这三年疾病流行的诸自然原因之一，不会是错误的罢。一个国家的人口，即令绝对的说，不是非常密集非常众多，但有这些原因，仍不免引出这样一个结果。在一个人口稀薄的国家，如果人口增加在食物增加住屋添建以前，居民亦必定会在某程度上，为了地盘及生活资料，而感到困穷。假如，如果以后8年间或10年间，英格兰的结婚者较平常为更多产，或结婚人数较平常为多，而住宅的数目却依旧，一个小屋中，亦就不仅要居五六人，而须居住七八人了。他们的生活固必致于更为艰苦，但此外，普通人民的健康，也许亦会因此受到极不利的影响。

第 七 章

布兰登堡的纽马克

年平均	诞生数	埋葬数	结婚数	诞生数对结婚数的比例	诞生数对埋葬数的比例
至1701年止5年间	5 433	3 483	1 436	37∶10	155∶100
至1726年止5年间	7 012	4 254	1 713	40∶10	164∶100
至1756年止5年间	7 978	5 567	1 891	42∶10	143∶100

"自1736年至1741年6年间,流行一种流行病,防止人口增加。"

马格堡公国

年平均	诞生数	埋葬数	结婚数	诞生数对结婚数的比例	诞生数对埋葬数的比例
至1702年止5年间	6 431	4 103	1 681	38∶10	156∶100
至1717年止5年间	7 590	5 335	2 076	36∶10	142∶100
至1756年止5年间	8 850	8 069	2 193	40∶10	109∶100

"1738年,1740年,1750年,及1751年,疾病特别的多。"

关于这问题,如果还要得一些报告,请读者参考苏歇米尔斯的表格罢。我这里的摘录,已够说明疫病季是周期的(虽然是极不规则的)循环着;说地盘及食物的稀少,是引起此等疫病的一个主要原因,似乎是极可能的。

从这些表格看,可知旧国虽时时发生疫病季,但那里的农村。似仍发展很迅速。耕作改良了,其结果是奖励结婚。在这场合,对人口增加的妨碍,与其说是预防的妨碍,尚无宁说是积极的妨碍。生活资料将在该国更为丰富的期望,会在若干程度上,除去抑压人口增加的压力。但当这个时候,人口增加的动力,将继续,致超过当初使人口增加的原因的作用,亦很可能。

人 口 论

详言之,当一国生产物增加,劳动需要增加,因可改良劳动者境遇,而大大奖励结婚时,也许,一直到该国人口增加超过生产物增加的时候为止,早婚的惯习,还是不灭。疫病季,似乎是自然的必然的结果。所以我觉得,一个国家,如果生活资料的增加,有时足奖励人口增加,但不能应付人口一切需要,则与人口更适应于平均生产物比较,它必定会更受侵袭于周期的流行病。

把这观察换位,也许亦是真理。在一切其他事情相等的场合,为周期疫病季所侵袭的国家在疫病季之间,比较更不受它扰乱的国家在通常时候,会有更大的人口增加或诞生数将更超过死亡数。土耳其埃及前一世纪的平均人口,虽近于停止,但在黑死病停止的时候,和英法那样的国家比较,那里的诞生数就以更大的比例超过埋葬数。

是故,要评判人口的真实进步,五年间或十年间诞生数对埋葬数的平均比例,似乎不是极适当的规准。这比例,确实表示了这5年间或10年间的人口增加率。但我们不能因此推论20年前的增加怎样,20年后的增加怎样。蒲勒士博士说,瑞典,挪威,俄罗斯,及那不勒斯王国,人口增加迅速;但他所摘录的户籍簿,却没有记下充分的时期,来作事实的证明。瑞典,挪威,俄罗斯的人口,也许真是增加了,但其增加率,不是蒲勒士博士所录短时期诞生数对埋葬数的比例,所可指示。① 至1777年为止的那5年间,那不勒斯王国诞生数对埋葬数的比例,为144∶100;但我们有理由,设想这比例所指示的增加率,比较这王国一百年间的真实人口增加率,遥为巨大。

萧特博士曾比较两个时期英吉利许多村落许多城市的户籍簿。第一个时期,自伊丽莎白女王至前世纪中叶;第二个时期,自前世纪末叶数年至现世纪的中叶。试比较此等摘要,就知道前一时期诞生数以124对100的比例,超过埋葬数;后一时期却仅以111对100的比例。蒲勒士博士以为,前一时期的户籍簿

---

① 参看蒲勒士博士《观察》卷二,英格兰及威尔士人口论之跋。

第 七 章

是不可靠的；但在这场合，它所提示的比例，也许不是不正确。至少，我们有许多理由，认前一时期比后一时期，诞生数对埋葬数有更大的超出。在一切其他事情相等的场合，①就任一国说，在人口自然进步的前一时期，比在后一时期，必有更多的良地，加入耕作。生产物每年增加的比例加大了，人口增加的比例，几乎必然会随着加大。伊丽莎白女王末年诞生数对埋葬数的超过，所以较大于现世纪中叶的，自然是因为这个大原因，但除了这大原因，我不禁想到，前一时期黑死病屡屡发生的惨害，亦有若干趋势，要增加这比例。在计算十年间的平均数时，如果把这可怕的扰乱事件除外，把黑死病的年度视为偶然，就无怪户籍簿所提示的诞生数对埋葬数的比例太高，不能指示真实的平均的人口增加了。1666 年大黑死病后五年间，诞生数对埋葬数的超过，较平常更大；并且，如果蒲勒士博士的意见果有根据，英格兰革命时期（其发生只在 22 年之后）的人口，必较现在为众多了。

金格在 1693 年，说英吉利全国除了伦敦，诞生数对埋葬数的比例，为 115 对 100。萧特博士认现世纪中叶，包括伦敦，为 111 对 100。至 1774 年止那 5 年间法兰西的比例为 117 对 100。这诸种叙述，倘近于真理，在特定时期，这比例倘无多大变动，则法兰西英吉利的人口，就似乎能够近似的，适应于各该国的平均生产物了。结婚的妨碍及从此生出的种种恶习，战争，奢侈，大城市的人口减少（那虽然是不知不觉的，但是确实的），居民密集，贫民大部分食物不足，这种种，已可妨碍人口增加，使不超过生活资料，再用不着大而富有破坏性的流行病，来抑止过剩人口。杀人的黑死病，如在英格兰扫除了 200 万人，在法兰西扫除了 600 万人，则在居民从这创痛恢复过来以后，诞生数对埋葬数的比例，无疑会大大超过现今各该国诞生数对埋葬数的比例。

---

① 我说，"在一切其他事情相同的场合"，因为任一国生产物的增加，常须大大取决于该国的产业精神及其指导方法。人民的知识习惯及其他暂时原因，尤其是，当时的公民自由与平等，对于这精神的激发与指导，常常有大影响。

人 口 论

至1743年止那7年间纽吉萨诞生数对死亡数的平均比例，为300对100。在法兰西及英吉利，最高比例亦不过117对100。这差数是巨大而惊人的。这奇怪的现象，决不能归因于神的奇迹的干涉。其原因并不远漠，并不隐晦，并不神秘。那就在我们旁边，在我们周围，每一个有研究精神的人都可窥见。设想没有神力直接作用，石即不得下落，植物即不得成长，是与最自由的哲学精神相符合的。但由经验，我们知道了，我们所谓自然，其作用却几乎必要遵从固定法则。自有世界以来，人口增加及人口减少的原因，也许和我们所认识的任何自然法则都同样是不变的。

两性间的情欲，似乎在一切时代，都几乎是同样的，拿代数学上的用语来讲，可以常常认为是一个已知量。妨碍人口增加使不在任一国超过所能生产所能获取的食物量的伟大必然法则，在我们的观察中，是这样明显，在我们的悟性中，是这样明了，又为一切时代的经验所完全确认，所以我们对它，不容有一瞬间的疑问。自然妨碍人口过剩或抑压人口过剩的种种方法，在我们看，虽不怎样确实怎样规则，总之，我们虽不能常常预言其方法，但能确凿预言其事实。设数年间诞生数对死亡数的比例，指示了人口增加，大大超过该国生产物或获取物的比例增加，我们就可十分有把握的断言，除非居民移出，不然，死亡数瞬将超过诞生数；数年间的增加，决不能成为一国人口的真实的平均的增加。设无其他原因减少人口，一切国家都无疑会有周期的流行病或饥馑来侵袭。

就任一国说，真实的永续的人口增加，都以生活资料的增加，为唯一真实的规准。但这规准亦不免有若干轻微的变异，可以看得清清楚楚。譬如，有些国家，人口增加，似会受到驱进。其地人民，已渐次习惯了，尽可能依最小量食物而生活。这种国家必定有一个时期，它的生活资料虽不增加，人口却继续增加。中国似乎就是这样的国家。关于中国，我们所有的一切记载，如果是可靠的，下层阶级人民，就习惯了尽可能依最小量的食物而

第 七 章

生活，即令拾得一废物，为欧洲人情愿饿死亦不情愿吃的龌龊东西，他们亦高兴吃下去。中国法律许父母抛弃儿女，这亦是驱进人口增加的主要原因。但在这状态下的国家，必然会发生饥馑。其国人口，与生活资料比例而言，既是这样众多；其平均生产物，又仅足维持居民生命，所以，一遇节季不良，生产物稍形不足，就不能有别的办法。印度人生活习惯上极节俭的风气，在某程度上，说是印度饥馑的原因，亦是可能的。

美洲今日劳动者的报酬是这么丰裕，所以遇到凶年，下层阶级大为节省，亦尚不至非常陷自身于穷困。所以，饥馑几乎是不可能的。美洲人口增进后，劳动者的报酬将要更差得多，这大概是可以预期的。在这场合，人数是永续的增加，生活资料却不按比例增加。

欧洲各国因生活习惯不同，以致各国居民人数对食物消费量所持的比例，亦微有变异。英格兰南部劳动者，习惯了要吃上等白面包，他们必须饿得半死了，才肯过苏格兰农民那样的生活。但他们有时因为这必然法则的连续作用，也许还要陷下去，度中国下层阶级人民的生活；食物量虽依旧，所支持的人口却增加了。但要达到这结果的尝试，常常是极困难的。一切人类之友，均望其不能成功。应该奖励人口，这是我们常常听到的话。设人口增加趋势，果然有我所说的那么大，则这样大的增加，何以在频频受到奖励的时候，不会发生，就貌似奇怪了。但实则不奇怪。这其中有真正的理由。奖励人口增加的，不过要求更大的人口，但从未预备维持更大人口所必要的资财。设促进农耕，增加农业劳动的需要，增加农村生产物，改善劳动者境遇，则要人口按照比例增加，一点也用不着悬心。用任何其他方法达到这结果的尝试，都是罪恶的，残忍的，暴虐的，而在一个有相当自由的国家，还决无成功的希望驱进人口增加，也许是国家统治者的利益，富者的利益，因为这样可以减低劳动价格，减低海陆军的费用，减低国外贩卖的制造费。但对于这一类的尝试，尤其当这一类尝试，带着博爱的假面具，而为普通人民欢迎所乐受的时

人 口 论

候，贫民之友，却应加以细心的检察，加以强力的排斥。

皮特的救贫法案有一条，说，凡有儿女三人以上的劳动者，每星期应为每一个儿女，得一先令。我绝不怀疑，这条文含有任何恶意。我承认在这法案提到国会以前及此后不久，我还认为这样一个规定，会是极有利益的。但关于这问题的进一步的反省，却使我相信，如果这法案的目的，在于改善贫民的境遇，它决不能达到它所要的目的。我不能从中发现生产物增加的趋势，倘其趋势为不增加生产物而仅增加人口，必然不可避免的结果，便是更多的人口分享同量的生产物，从而一日劳动仅能购得较小量的生活品，贫民遂一般的更为困穷了。

我曾举示若干人口继续增加但生活资料不按比例增加的例子。就任一国说，食物与人口间的差违，都有一定的限度，不可超越。任一国人口如不要绝对减少，食物就必须足够支持并存续劳动者的种族。

在其他条件不变的场合，我们可以断言，一国所生产的人类食物量多少，可以决定该国的人口多寡；食物分配的宽啬。换言之，一日劳动所购的食物多少，可以决定该国人民的幸福。产谷国的人口比牲畜国的人口更多。产米国的人口比产谷国的人更多。英格兰的土地，不宜种稻，但均可种马铃薯。亚当·斯密博士就说，设马铃薯成了普通人所爱的植物性食物，被耕作的土地又不较今日种谷的土地为少，英格兰必能维持更多得多的人口；结果，不要多久的时间，人口就会更多得多。

一国的幸福，非绝对取决于其贫富，其新旧，其住民疏密，乃取决于食物增加的速度，食物的年增加，是以如何程度，和无限制的人口的年增加相接近。这种接近，在新殖民地——在那里，旧国的知识与产业，用在新国的肥沃的未被占有的土地上——是最接近的。但在其他场合，一国的新旧，却是一个不甚重要的事情。也许，大不列颠现在居民所共分的食物，和二千年前，三千年前，四千年前是一样丰厚。我们有理由相信，苏格兰高原人口稀薄的贫瘠地方，和佛伦特士人口众多的丰沃地方，是同样受着人口过剩的压迫。

设有一国,从来不曾为技术更进步的民族所征服,其文明一任其自然进步,则从其生产物为一单位的时候起,到其生产物为一百万单位的时候,其间经无数百年,怕会没有一个时期的人民大众,可说全然避去了直接或间接由食物缺乏而起的困穷。欧洲虽有若干国,也许自有历史以来,就不知有极端的饥馑,但必有无数百万人,为这单纯原因所抑压。

饥馑似乎是最后而又最可怕的天然手段。人口增加力,既如此超越土地生产人类生活资料的力量,人类自不免在某形态下发生夭死的情事。人类的罪恶,又是使人口减少的有力的积极的机关。那是破坏大队中的前卫,屡屡单自遂行这可怕的作业。设若在这扑灭人口的战役中,它败了,就有疫病季,流行病,传染病,黑死病,以可怕的军容冲前来,扫除几千万的人。设仍不能完全成功,遂有巨大而无可避免的饥馑,为其后卫,以一有力的打击,使世界的人口与食物平衡。

曾小心检察人类史,检察各时代各国家的人类生活及现代人类生活的,都要承认:

人口增加,必须受生活资料的限制;

生活资料增加,人口必增加;

占优势的人口增加力,为贫穷及罪恶所抑压,致使现实人口得与生活资料相平衡。

黑死病笼罩下的村庄

第 八 章

Chapter Eight

> 华莱士——设想由人口增加而起的困难为期尚遥之错误——孔多塞关于人类进步的主张——据孔多塞说明,这一进一退运动,应在什么时期,适用于人类。

第 八 章

　　由过去及现在人类状况之观察,得到了上面的明白的推论。因此,在我们看来,论人类及社会完成可能性的作者,何故在注意人口过剩的议论后,又把它轻视,而设想由此生起的困难,仅能发现于极辽远几乎不可测度的将来,就成了一件奇怪的事情了。比方华莱氏,他认识这种议论的重量,足以破坏他的平等制度全部,但他又觉得,在全地球未开垦得像菜园一样,生产物不许再有任何增加以前,决不曾由这原因惹起何等困难。设情形真正是这样,而美丽的平等制度在其他诸点上又可实行,追求这制度的热情,就显然不应想念到一种这样遥远的困难,而予以挫折了。一件这样渺茫的事情,当然可以不必过问。但事实殊不如此。如果这论文所述的议论的见解正当,这种困难就不是遥远的,而是急迫的,马上就要发生的了。从现在到全地球尽耕成菜园一般的耕作进步中,每一期间内,由食物缺乏而起的困苦,将不断的压迫一切人——如果人是平等的。土地生产物虽然每年可以增加,但人口增加会更迅速得多;过剩的人口,必然要受压制于贫穷或罪恶,那是周期的或不绝的作用着。

　　孔多塞《关于人类精神进步之历史的观察》,据说,是在残忍的公敌宣告——到他死了为止——下,写成的。他对于这书的出版,如无希望亲自目见,而和他有关系的法兰西,又无希望对他表示赞成,他怎样会抱持和日常经验极端相反的这原理,岂不是一件古怪的事情。他看见了世界上最开化的国家之一的人类精神,在开化数千年之后,竟然会在这种种可厌的,即令最野蛮时代最野蛮国家亦会觉得可耻的欲情,残忍,恐怖,恶意,复仇

◀华莱士(Alfred Russel Wallace,1823—1913),他认为人类在原始社会只不过是很少数目,古代人口发展到今天,数目没有按几何数增长,是因为人口增殖受到阻碍。这一观点与马尔萨斯的观点相同。

心,野心,颠狂,及愚昧等等扰乱下堕落,他的人类精神必会进步的见解,照理该会受一严重打击。要抵抗这打击,除了对于原理的真实性抱有最强信心,是无论如何亦做不到的。

这遗稿,仅是一遥较为大的著作的纲要,他虽要把它完成,但没有把它完成。因此,证明一种学说真确所必要的细目与应用,那里是缺乏的。这学说如果应用到真实的事态上去,不应用到想象的事态上来,却亦只要少数观察,就可说明这学说全然矛盾。

该书最后一篇,论未来人类趋向完成的进步,曾说:比较欧洲各文明国的现实人口,与土地面积;考察他们的耕作,他们的产业,他们的分工,他们的生活资料,人们就会知道,必然会有多数人,要以自身勤劳为唯一的满足欲望的手段,不然,即不能保持同样的生活资料,从而不能维持同样的人口。承认这阶级的必然性,再进论到完全依赖家长生存及健康的家庭,其收入极不安定以后,[①]他很适当的说:"然则,不平等现象,依赖现象,贫穷现象(不绝的威胁社会上最多数最活动的阶级)所以常常发生,就有必要的原因了。"这困难,是这样适当的巧妙的为他所说明了,我恐怕他所提倡的铲除困难的方法,不见会有效。他计算生命的盖然性及货币的利息以后,提议设立一个基金,指定用来补助年老的人。其征集法,一部分由于他们自己以前的节俭,一部分由于别一种人——他们同样是节俭的,但他们在未能获取节俭的利益以前,就死亡了——的节俭。对于已失丈夫或父亲的妇女儿童,亦用这基金或另设一基金来补助。对于已达结婚年龄的男人,则给以充足的资本,使能适当的发展他们的生业。他以为,这诸种建设,宜由社会的名义设立,并由社会保障。此外,他又应用这计算,提议定立一个机关,防止贷借事业成为大富翁的独占权,并给贷借事业以同样稳固的基础,使产业进步及商业

[①] 为节省时间与篇幅计,我在这里仅叙录孔多塞感情的实质。我希望,我不曾把他的意思误解。但我请读者参看原书,那虽不能使你相信,但会使你喜欢。

第 八 章

活动，更不依赖大资本家，从而在更完全的形态下，保持平等状态。

这种建设，这种计算，在纸上，似乎是极有希望的，但一旦用于实际生活，则其绝对无效，立可看见。孔多塞承认，完全由勤劳维持生活的阶级，是一切国家所必要的。为什么他承认这点呢？没有别的理由。唯一的理由是，他认为，为追加人口获取生活资料所必要的劳动，没有必要的鞭策，是不会进行的。如果这种制度的建立，可以除去勤劳的刺激，如果就贷借的关系说，就妻儿的未来扶养说，懒惰怠慢者得与勤勉劳苦者处同样的地位，人类还会努力去改善他们的境遇——这在今日是公共繁荣的主要动力——么？设立一个审判机关，来考察各个人的要求，决定谁曾谁不曾竭力，谁应谁不应得补助，那就无异以更大的规模，重复提起英吉利的救贫法，把真正的平等原理及自由原理，完全破坏。

且不论这巨大的反对理由，暂假设这诸种制度不致妨抑生产的勤劳罢。但仍有最大困难残留在后面。

如果一切男人都确能给家庭以舒服的生活品，每个男子都会有家庭了。如果后一代得免除贫穷的"杀气"，人口必定会迅速增加起来。关于这点，孔多塞似乎亦十分知道；当他描写进一步的改良以后，他就说："但在产业及幸福这样的进步中，每一代所要求的享乐，均将扩大，结局，人类体格之物理构造，将使人数增加。这样，不将引出一个时期，使此等有同样必要性的法则，互相抵消么？当人数增加超过生活资料时，必然结果是幸福与人口之继续减少，（一个真正向后退的运动）或至少是善与恶一进一退。达到了这时期的社会，不将以这一进一退的运动，成为周期贫穷的永在原因么？改良的限度不是可以划定么？人类完成的时期，不是可以经长岁月而到达，但决不能通过么？

但他往后又说："谁亦知道，这样一个时期，离开我们很远很远；我们有达到这时期的一天么？这是谁亦不能断言的。人类改良到我们现在不能想象的地步方始发生的事件，谁能断言

人 口 论

其将来会实现或不会实现呢?"

孔多塞描写了人数超过生活资料那时候将会发生的情状。他的描写,是适当的。他所描写的一进一退运动,当然会发生,且无疑是周期贫困的永在原因。关于这图画,我和孔多塞的唯一不同点,是这图画能适用于人类的时代。孔多塞以为,那只能适用于极辽远的时代。假若我所举示的人口自然增加与食物自然增加间的比例,竟有几分近于真理,则人数超过生活资料的时期,老早就已经临到了;而这必要的一进一退运动,这周期贫困的永在原因,亦自有人类史以来,即已存在。那在今日是存在的;倘非吾人本性的生理构造,起某种决然的变化,那当然还会永久存在。

孔多塞又说,这如此辽远的时期,如果终有一天来到,人类及人类完成可能性的辩护者,用不着惊异。他有一种方法,除去困难。他这方法,我承认,我是不了解的。他以为在那时候,迷信的可笑的偏见,对于预防生育的乱婚状态或其他不自然状态,将不再在道德方面,加上一种腐败而堕落的苛责。但在多数人看来,这除去困难的方法,定会把德性及民俗的纯洁性破坏。平等及人类完成可能性的辩护人,不是口口声声,说他们的见解的究竟与目标,是德性及民俗的纯洁吗?

第 九 章

Chapter Nine

> 关于人类生理完成可能性及人类寿命无限延长性,孔多塞的推测——以动物的繁殖,植物的栽培为例,说明由局部改善推论进步无限,是一个谬误,虽然局部改善的界限不能确定。

第 九 章

孔多塞提出来考察的最后问题,是人类的生理完成可能性。他说,如果那已提出而在发展中将取得更大证明力的证据,在人类天赋不变,有机组织亦不变的假设下,已足证明人类有无限的完成可能性,那么,倘若这有机组织,这天赋是可以改善,事实将如何,希望程度又将如何呢?

医术改良了,更卫生的食物及住所被使用了,以运动增进体力但不过度致损害体力的生活方法发现了,人间堕落的二大原因(贫穷与过富)破灭了,可传导可传染的疾病依物理知识进步而次第消除的方法,依理性及社会秩序的进步,而更有效了:这种种,使他推论,人虽不能绝对不死,但由诞生到自然死亡,历时将不绝增加,将无限境,一句话,将成为无限的。他以为,"无限的"这个名词,有两种意思。其一,是继续向一无限范围接近但永不到达这范围;其二,是寿算增加,以致较任何有限量为大。

"无限的"这一名词,无论在何一意义上,应用到人类生命的修短上来,总是极不哲学的,不能在自然法则上发现任何保证。由种种原因而起的变动,与规则的增加及直进的增加,根本就是有别的。人类的平均寿命,在某程度上,会因气候之卫生与否,食物之卫生与否,民俗之有德与否,及其他种种原因而变异;但自我们有可靠的人类历史以来,人类自然寿命是否真有稍稍增加,本是大可怀疑。一切时代的成见,都直接和这假设相反;这种种成见,我虽不要太过着重,但那可在某程度上,证明没有显著向相反的方向进步。

或谓,世界还在年青的幼年期,希望它这样迅速的发生变化,是不应该的。

◀ 孔多塞(Condorcet,1743—1794)。18世纪法国最后一位哲学家,启蒙运动的最杰出代表人物,有法国大革命"擎炬人"之誉。其《人类精神进步史表纲要》中提出的"人类不断进步"的历史观念,而成为西方历史哲学中历史进步观的奠基人之一。马尔萨斯在自己的著作中反对他的思想。

人 口 论

如果事实真是这样，一切人类科学，立即就会完结了。从因到果的推理方法，将全破灭了。我们可以关起自然的书籍不看，用不着读它了。最荒唐最不可能的推测，和最正当最优良（以细心反复的试验为基础）的理论，将有同等的确实性了。我们可以复用古哲学方法，不把理论建立在事实上，而使事实屈从于理论了。牛顿的伟大而合理的理论，和笛卡儿的荒唐而奇矫的假设，可以同样看待了。总之，如果自然法则是这样变动不拘的，如果历来没有变动模样的自然法则，竟被断言被相信是可以变动的，人类精神，将不复有任何研究的刺激，而日唯不动，仅以荒唐的梦想，无聊的幻想自娱了。

自然法则的不变性，因果的不变性，是一切人类知识的基础。我并非说，构成自然法则执行自然法则的权力，不会"在一瞬间，在一转眼，"改变自然法则。这种变化，无疑是可以发生的。我所要说的，是我们不能由理性推论这种变化。倘事前并无可观察的象征，表示变化将起，我们就可以推论将生变化，那我们随便作什么判断，亦无所不可了。我们肯定明天月球将与地球相触，肯定明天太阳将照常升起，是一样合理的了。

自太古以来，直到现在，没有任何永续的象征，表示人类的寿命，是在日益延长。① 气候，习惯，食事，及其他原因之显著结

---

① 有许多人认为，当真去辩驳这样荒唐的一个怪论——主张世间人类不死，或人类及社会的完成可能性——是浪费时间，浪费篇幅。有许多人认为，对于这种毫无根据的推测，只有以不答答之。但我的意见，与此不同。当这一类怪论是由天才能干的人提出来的时候，不答，决不能使他们觉察自己错误。他们正自夸耀其悟性之博大与宏裕，其见解之范围与内容，你不理会他们，他们定会把这种不理会，看作是当时人的精神努力既贫乏又狭隘的表示。世界未曾准备接受我们高尚的真理——他们只会这样想。

反之，公平研究这诸问题，表示自己充分准备接受健全哲学所证明的理论，或可使他们觉悟，相信自己构成这不可能又无根据的假说，不仅不能扩大人类学问的领域，且将把它缩小，不仅不能促进人类精神的改良，且将给这改良以阻碍。这种假说，将迫我们退回到知识的幼儿期，将减弱哲学方法——科学就在它的庇护下，发生了这样迅速的进步——的根柢。现在人们所以这样热心作广泛而无限制的思辨，似乎有一种精神的热狂在中作祟，因为近年来各种科学都有大而不曾预期到的发现。为这种成就而得意忘形的人们，觉得一切事物都在人力理解的范围内。在这幻想下，他们混同了尚无任何真实进步的学问，和已有显著进步的学问。设若他们的思想，稍为严肃而时时警戒着，他们将会知道，以轻浮而无根据的断言，代替沉默的研究及极可靠的证据，只能给真理及健全哲学之道以损害。

第 九 章

果,对于寿命的修短,未曾提示任何理由,断言其可无限延长。这议论,乃建筑在沙上,其根据不外是人类生命的限度,难于划定。因为你不能划定它的期限,不能说它是如此长,不能再长,所以你说,寿命可永久增加,至于无限或无限制。这议论的误谬与背理,只要稍稍考察康多塞氏关于植物动物所说的完成可能性或退化性——他以为,这可认为是一般自然法则之一——就会十分明白。

我曾闻说,家畜改良家有一个公理:"你要怎样优良的家畜,你就可以繁殖怎样优良的家畜"。这公理,又建筑在别一个公理上,即后裔中,有些会在更大程度上,持有父母的优良品质。有名的莱色斯豆夏羊的繁殖,其目的即在于使羊的头小足小。但若从这繁殖的公理出发,断言羊的头足,将会小到近似消灭,岂非一明明白白的笑话。我们可以断言,这前提是不当的。我们虽看不见它的限度,虽说不出它的限度,但其中确实有一个限度。在这场合,最大改良程度或头脚最小程度虽可说是难定的,但不像康多塞氏所说,是无限制的或无限的。现在我虽不能划定改良的限度,但我很容易就能说出一点来,为改良所不能达到。我坚决的断言,繁殖永续,羊的头与足,也不致和鼠的头与足一样小。

所以,说动物界的后裔,有些,会在更大程度上,持有父母的优良品质,或者说动物有无限的完成可能性,都不真确。

由野生植物变成美丽的园花,比动物界的任何变化,也许都是更为显著的进步。但在这里,如断言这进步无限制或无限,也就不合理得很。这改良有一个最明了的特征,即是容积增大。花,由培植而次第长大了。如果进步真是无限的,其容积当亦可无限增大。但这是一个这样大的悖理,所以我们实可断言,植物界的改良和动物界的改良,一样是有限境的,虽然我们不能知道这限境究在何处。也许,竞夺花奖的园丁,曾屡施用强烈的肥料,但都无效。说自己曾看见最优美——不能再优美——的剪秋罗或秋牡丹,固未免太过自夸。但说剪秋罗或秋牡丹无论怎

人 口 论

样培植，亦不能使其容积，大似大的菜头，却决不会与未来的事实相抵触。而况，比菜头遥较为大的有定量，还不是没有。任何人亦不能说他已经看见了最大不能再大的麦穗或檞，但他很容易并很有把握的，可指出一点，为它们事实上所不能达到。所以在这一切场合，无限制的进步及限度难确定的进步，都应细心分别。

或谓，动物植物所以不能无限增加其容积的理由，是它们自身的重量，可以压倒它们自身。我答说，除了由经验——经验它们的干，有怎样的强度——我们怎样知道这个道理呢？我知道，用不着等候剪秋罗的容积大似菜头，它的茎，就会不能支持它自身。但我所以知道这个道理，即由于我的经验呀。我经验了剪秋罗的茎的质料，是脆弱而缺乏强韧性的。自然界就有许多物质，得以同样粗大的茎，支持菜头一般大的头。

植物枯死的理由，现在我们尚全不知道。任何人亦不知道何故这种植物是一年生的，那种是二年生的，那种又是多年生的。在这一切场合，在植物，在动物，在人类，都还只有经验的事情。我不过因为一切时代的经验，都证明有形人体的质料是会死灭的，所以我断言人会死亡。

"我们推理，只能根由我们所知。"

在健全哲学未能证明人类的寿算，已经并且正在显著的进向无限以前，我决不要改变世间人类皆有死亡的意见。而我所以要在动物界植物界引述两个特例的主要理由，就是尽我所能，暴露并说明一种议论的误谬；这种议论，仅仅因为看见了若干局部的改善，而这改善的限境不能精密指定之故，遂推论这进步无限。

植物动物某一程度的改善可能性，是谁亦不能怀疑的。明白显著的进步，已经发生；不过，我觉得，说这进步无限，终归是一个大的悖理。人的生命，虽曾由各种原因引起了大变动，但自有世界以来，人体构造曾否有任何有机的改良，却颇是疑问。所以人类生理完成可能性的议论，基础是非常薄弱的，只能说是一

第 九 章

种推测。当然，注意繁殖，未尝不可在人类中，像在动物界植物界那样，发生某程度的改良。知力能否传达，固是一个疑问；但魁大性，臂力，美，气质，也许生命长度，却都可以在某程度上传于后裔。错误不在于假定小程度改良的可能。错误在于不分别什么是限界难于确定的小改良，什么是真无限界的改良。不过，人类要这样改良，亦非禁止恶型的人们结婚不可，所以，要使繁殖的注意，永远普遍，还是不可能的。实际，除了古代比克尔斯达夫族，据说，因要使皮肤洁白，身体增长，曾以谨慎的婚配——特别是谨慎的和榨乳妇杂种婚配的结果，曾矫正族人体格上一些大缺点——得到极大的成功以外，我没有听见这一类企图，曾好好的进行过。

为了要更完全的，说明世间人类不能不死，我想，用不着再提到寿命延长，将大大增加人口理论的重量了。

孔多塞的著作，不仅可说是一位名人的意见的要录，且可说是革命初期法兰西许多文人的意见的要录。像这样的著作，虽然只是一个要录，但是值得注意。

人类的进化 马尔萨斯认为孔多塞的无限进化是错误的。

第 十 章

Chapter Ten

葛德文的平等制度——以人类一切罪恶归于人类制度之错误——葛德文对人口所生困难的第一个解答,是全然不充分的——葛德文的美丽的平等制度,被假设是实现了的——单有人口原理,已可在30年那样短期间内,把这制度完全推翻。

第 十 章

读葛德文的精巧的政治正义论，一定会觉得他的文章，富有精神及能力，他某一些推理，扼要而精密，他的思想，有热心的情调，尤其是他给全篇以真理的外观时，他的态度，有一种印象的热情。从而我们要不为他所感动，亦不可得。但同时我们又须承认，他在研究的进程中，没有健全哲学所必要的注意。他的结论，常常不为他的前提所保证。自己提出的反驳，亦有时不能答复。他太过倚赖一般的抽象的不能应用的命题。他的推测，确乎远越了自然的中庸性。

葛德文所提倡的平等制度，无疑比较任何制度，都更为美丽，更惹起注意。单由理性及确信而生的社会改良，比较依权力而施行而维持的任何变革，被认为更有永续的希望。私人判断之无限的运用，是一个极伟大而魅人的主义，一切人均为公众奴仆的制度，岂能与之比较。以仁爱心代替自利心作社会主要动力及动机，乃是人们所热望的顶点。总之，对于这美丽的制度全体，倘非有喜悦的赞赏的情绪，热望其有一日成就，是决不能沉默下来考虑的。惜哉！这时期是不会来到。这全部不过是一个梦，一个美丽的想象的幻影。此等幸福及不死的"绚烂的宫殿"，此等真理及德性的"庄严的庙堂"，当我们一反省到现实生活，一考虑到地上人类真正地位的时候，就会"像空中楼阁"一样消灭掉。

葛德文在他的第八篇第三章的结论上，曾就人口，发表意见："人类社会上有一个原理，赖此，人口不断引下到生活资料的水准。因此，在美洲及亚洲的流浪部落间，我们从来不曾在

◀ 葛德文（William Godwin，1756—1836）。18 世纪的英国政治哲学家和著名作家。葛德文在《政治正义论》里反对政府制度，反对财产制度，也反对婚姻制度。他不光是反对结婚，也不赞成同居，他认为男女分开住的好，各人做各人的工作，互不干扰。他是马尔萨斯的主要论敌之一。

人 口 论

长岁月间,发现人口如此增加,致令土地有耕作必要。"葛德文认为神秘不可思议而未曾加以研究的这原理,究竟是什么呢?我们发觉了,那就是这个恼人的必然法则——贫穷及贫穷的恐怖。

葛德文贯通全书有一个大谬误,是以文明社会几乎一切罪恶与贫穷,概归过于人类制度。政治上的条例,现存的财产制度,在他看来,是一切罪恶的大源泉,是一切使人堕落的罪恶的暖床。如果情形真是这样,则从世间完全除去罪恶,就不是一件无希望的工作了。为实行这伟大的目的,理性就似乎是适当而充足的手段了。但真理是这样的,人类制度虽然是给人类以许多祸患的明白而有力的原因,但那实际是一个轻而表面的原因。使源泉污浊并使人生全流污浊的不洁原因,是根基深固的;人类制度却不过是水面上浮着的一根羽毛。

论平等制度的利益那一章,葛德文说,"压制的精神,卑屈的精神,欺诈的精神,乃是现今财产制度的直接产物。那是精神改善的敌。其他的罪恶如嫉妒,怨恨,及复仇,又一定会伴着现今的财产制度发生。在人们均在丰富中生活,一切人平等享受自然恩惠的社会状态下,这些感情是必定会消灭的。褊狭的利己主义,将要灭绝。任谁亦不会尽力防卫他的少许资财,任谁亦不会烦神耐苦,去填满他的无穷欲望。每一个人均将为一般福利,而把他个人的存在忘记。任谁亦不会成为他的邻人的仇敌,因为他们之间,没有竞争的对象;从而慈善心将受理性委任,再行支配人间精神,不再为了肉体生存而时时刻刻提心吊胆,它自由了,得自由在它所爱好的思想领域中逍遥。每一个人都帮助全体人研究。"

这确乎是一个幸福的状态。但这只是一幅想象的图画,几乎没有一个特色近于真理。我怕,读者早已觉悟到了这点。

人不能生活在丰富中。一切人不能平等享受自然的恩惠。设无确立的财产制度,一切人均非竭力防卫其少许资财不可。自利心将胜利。竞争的对象,是永久的。一切人的精神,将不绝

第 十 章

悬心于肉体的生存。没有任何精神,得自由逍遥于思想领域中。

葛德文不曾以其富有洞察力的精神,稍稍注意世间人类的真实状况。看他所揭示的铲除人口过剩困难的方法,就可以充分说明这点。他说:"对于这反对论调,显明的答复是,理性会预见将来的困难。可以住人的地球,有四分之三,现今尚未曾耕作。已经耕作的部分,尚能有无限的改良。人口再继续增加几万世纪,地球亦还够给居民以生活资料"。

有一种人,设想在地球未绝对不许增加生产物以前,即不会因人口过剩生出任何穷苦或困难。我曾指出这个说法的错误。现在就暂假设高德文氏的美丽的平等制度,得在最纯粹的形式上实现,来观察这困难,会怎样迅速地压迫到这完全的社会制度上来罢。一个不能实际应用的理论,不能称为正当。

我们且假设,这岛国除去了一切贫穷与罪恶的原因。战争消灭了,竞争亦消灭了。不卫生的职业及工厂不存在了。群众不再为朝廷的阴谋,为商业,为放纵的满足,而麇集于疫疠丛生的大都市了。单纯的健康的合理的娱乐,代替了饮酒,赌博,及淫荡。没有任何大都市,会在人体上,引起任何有害的结果。这世间乐园内的幸福居民,大部分散居在田野的村落及农家内。每一个屋子,都是清洁的,空气流通的,十分广阔的,住在卫生的位置上。一切人都是平等的。奢侈品的生产停止了。农业上必要的劳动,很适当的由一切人分担。人数及生产物,假设在这岛国现在,恰好相等。仁爱的精神,为至公不私的正义心所指导,使社会上一切人,按照各自的需要,而分配生产物。虽然不能每个人每天都有肉吃,但植物性的食物,间或有肉类,亦很够满足一个节俭家的欲望,很够保持他的健康,膂力,及精神。

葛德文以为婚姻是欺骗和独占。我们就假设性的交易,建立在最完全的自由原理上罢。葛德文并不认为,这自由,将引出乱交状态;在这点,我和他是完全一致的。爱情不专,是一种放纵的堕落的不自然的嗜好,在单纯而有德的社会内,决不能大盛行。每一个人将会选择一个配偶,在两方同意同居的时候,他们必继续同居。但葛德文以为,一个女人有多少儿女,儿女属于谁,将成为不重要的问题。生活必要品及补助品,自然会从富的地方,流至缺乏的地方。每一个人,都会按照能力,教育次一代的青年。

我不能想象一个社会制度,能够这样全部有利于人口增加。现制度下结婚的无可救药,无疑会妨碍许多人,使不能加入这种状态。反之,无束缚的交接,却将成为早婚的最有力的刺激。我们既假设不必悬心于儿童未来的扶养,所以,在100个23岁的妇女中,也许不能设想有一个尚没有家庭。

这种社会,既然这样异常奖励人口,人口减少的一切原因又被假设已经除去,其人数增加,自必较任何已知社会为迅速。我曾参照斯台尔博士所刊布蒲勒士博士所引证的小书,说美洲腹部殖民地的居民,15年就增加一倍。英吉利,比起美洲腹部殖民地来,确乎是一个更卫生的地方。我们又假设这岛国的一切房屋都是空气流通的卫生的,而组织家庭的奖励,在这里又更大于在腹部殖民地,所以,这岛国人口何故不会15年增加一倍,就似乎没有理由可以指出了。但我们不要离开真理,我们只假定人口增加一倍的时期为25年,大家知道,这增加率,在美利坚北部诸邦,是曾经发生过的。

财产平等化了,全社会的劳动又主要归向农业,其趋势必大增农产物无疑。但人口增加会更迅速。要应付这迅速增加的人口的需要,葛德文每人每日半小时劳动的计算,当然是不够的。每一个人的时间,也许必须拿一半,来为这一个目的。但就会这样努力,甚至于更努力得多,知道我国土壤性质,知道已耕土地丰度,知道未耕土地瘠度的,恐仍不免要怀疑,平均总生产物能否从这时候起,25年增加一倍。要使其可能,唯一机会即是开垦全部牧地,不再用动物性食物。但这计划的一部分,就已经失败了。英吉利的土地,不施肥料,是不能有许多生产的。但要制造最适于土地的肥料,家畜就似乎是必要的。据说,在中国有些省份的土地是这样丰饶,所以不施肥料,每年种稻,仍可收获两

第 十 章

次。但英吉利没有土地,可以和这比拟。

这岛国固难在 25 年间倍其平均生产物,但我们且假设其能够如此。所以在第一时期完结的时候,食物虽然几乎全是植物性的,但仍够在卫生的方法下,维持加倍的人口 1400 万。

在第二个倍加期间内,哪里去寻食物,来满足追加人数的迫切需要呢?哪里有新地来开垦呢,哪里有必要的肥料来改良已耕土地呢?稍有土地知识的人,就知道在第二个 25 年间,要按现生产量,增加平均生产物,必不可能。虽不可能,我们仍假设有这增加罢。我们的议论,有绰绰的余力,教我们作各种让步。但就会这样让步,在第二个时期终了的时候,仍会有 700 万人没有给养仅足供养 2100 万人的食物量,将为 2800 万人所分割。

悲哉!人在丰富中生活,人不必费神耐苦于无穷欲望之满足,狭隘的自利原则将不存在,精神将不必永久悬心于肉体生存而得自由逍遥于他所爱悦之思想领域,果何所谓哉。这美丽的想象楼阁,一经与真理接触,便瓦解了。为丰富所培植所促进之仁爱精神,卒为缺乏之冷呼吸所萎缩了。已经消灭的可恶的欲情,将再发生。自我保存的有力法则,驱逐尽了灵魂中的更温柔更高尚的情绪。为恶的诱惑太强了,非人性所能抵抗。谷物在未熟以前就割下来了,在不适当的比例下密藏起来了。堪称为虚伪的种种黑暗的罪恶,马上就会发生。有大家庭的母亲,已不复有生活品流到自己手上。因食物不足,孩童患病了。健全的红颜,为贫困的青颊凹眼所代替了。仍在少数人胸中残留的仁爱心,作几度无力的最后奋斗以后,自利心遂再起来支配这帝国,而在世界上夸示他的统治的胜利。

葛德文以为最恶的人的原始罪恶,应归因于人类制度之腐败。但这种人类制度,在这场合,是没有了。公众的善与私人的善,不再互相对立了。理性指定了要留归公众的利益,不再发生独占。没有一个人,受驱策于不公正的法律,而扰乱秩序了。仁爱心已在一切人心中,树立了支配权。然而只要经过 50 年那样短期间,使现社会状态堕落的暴行,压迫,虚伪,贫穷,各种可恶的罪恶,以及各种形式的困穷,就会由最急迫的事情,由人性中内在的绝对与人为法规无关系的法则,再生出来。

对于这忧郁光景的现实性,我们如尚不十分相信,就看看第三个 25 年间的情形罢。我们将会发觉,有 2 800 万人没有生活资料;而在第一世纪终结时,人口将为 11 200 万,但食物仅足供养 3 500 万人,有 7 700 万人没有给养。在这时代,贫乏将极流行,强夺与谋杀,将大盛行;然而在这一切时候,我们仍假定土地生产是绝对无限的,每年的增加,比最大胆思辨家所能想象的,还是比较的大。

这里,关于人口增加所引起的困难,所持见解,无疑和高德文氏的见解,极不相同。他曾说:"人口再继续增加几万世纪,地球亦还够给居民以生活资料。"

我十分知道,过剩的 2 800 万或不如说 7 700 万人,是决不会存在的。葛德文说:"人类社会间存有一个原理,赖此,人口不绝引下到生活资料的水准。"这是一个完全正确的观察。唯一的问题是,什么是这原理?是某种暧昧而不可思议的原因么?是某种神的神秘干涉——那在一定时期,会使男子无性交能力,会使女子不能受妊——么?这一个原因,非为吾人所能探究,所能观察,而在一切人类社会状况下,都会以某种势力,继续发生作用的么?这不是某种程度的贫穷么?这贫穷,乃是自然法则的必然不可避免的结果,与其说人类制度会把这结果增大,远不如说会把它减轻,不过永不能把它灭除。

在我们右设的场合,支配今日文明社会的法则,有些何以会相继的受命于最急迫的必然性呢?一看,那似乎是很奇怪的。人类,照葛德文说来,既然是他所受各种印象的产物,所以贫乏的鞭策不能继续许久,劫夺公众资财和私人资财的事情,就必然要发生。这种劫夺的次数增加,其范围扩大,社会上更活动更有知识的人,不久就觉得人口在迅速增加,国内年产物却是马上就会开始减少。情势的紧急,暗示了有立即采用某种手段以保护一般安全之必要。一定会召集某种会议,吾在最强烈的字句上,

第 十 章

说明国家的危险状态。当人们生活在丰富中的时候,谁劳动最少,谁占有最多,没有多大关系,因为每人都十分愿意并准备供给邻人的需要。但在这场合,问题已经不是一个人应不应把自己不用的东西给别人,只是他应不应把自身生活所绝对必需的食品给别人。贫民的人数,大大超过了供养他们的人数与手段。此等急迫的贫乏,因国家生产物不能使一切人满足而生,结果遂惹起了对正义之严重的侵犯。这种侵犯,早已防抑食物的增加,设无某种手段为之预防,且将陷全社会于紊乱。急迫的必然性,似乎命令人类,生产物的常年增加,如果可能,无论如何,亦须设法获得。为要达成这最先的伟大的不可少的目的,更完全的分配土地,或以最有力的制裁——甚至于以死刑——保障各人资财使不受劫夺,都未尝是不可行的。

反对论者也许会提出这样的主张:土地丰度增加及各种事变生起时,某一些人所得的部分,可遥遥超过他们维持自身所必需,而自私心的支配权一度成立以后,没有报酬,他们决不会拿他们的剩余生产物出来分配。在答复这种意见的时候,我们承认这是一个大可悲叹的不便,但这种弊害,与暗黑的大困穷(财产不安全时,这是必然要发生的)比较,其实算不得什么。而且,一个人所能消费的食物量,必然要受限制于人类的狭隘的胃力,固然,要他抛弃其余的,虽不可能,但拿这剩余食物来交换他人的劳动,从而在某程度上,使他们不能自立,总比较让他们全然饿死,来得更好。

因此,也许会建立一种财产制度,和今日文明国的财产制度没有多大差别,作为最好的(虽然是不充足的)方法,来救治社会上各种祸患。

第二个待要讨论的问题,与前一问题有密切关系,即两性间的交易。曾注意社会所受困难的真正原因的,或不免要这样主张:如果每一个男人都觉得他所有的儿女,能安然依一般的仁爱心而得到充分的给养,则对于由此必然会引起的人口增加,土地生产食物的力量,将会绝对不足;社会全部的注意及劳动,如

人 口 论

均导向这唯一的目的,如财产极端安全,并有其他一切有想象可能的奖励,生产物的年年增加,自可尽可能,达到最大程度,但食物增加,恐仍不能与遥为迅速的人口增加,并驾齐驱;因此,对人口增加必须有某种妨碍:最自然最明白的妨碍,似乎即是使每个男人供养他自己的儿女;就某一点说,这个妨碍,很可说是人口增加的测度与指导;自己不能扶育的儿女,也许不会生出来;但就令如此,为例示他人起见,任意陷自身及儿女于贫穷缺乏中的个人,似仍须负担这种行为所引起的耻辱与烦恼。

结婚的制度,至少,每个男人有扶养儿女义务(明示的或暗示的义务)的制度,在一个有这种种困难的社会,似乎是推理的自然结果。

此等困难之观察,说明了何故贞操破坏,在女子方面会比在男子方面更为可耻,说明了这现象的极自然的起源。望妇女有充足资料维持儿女,是不可能的。一个女人与一个无扶育儿女责任的男子结合,如果男子感到了不便,而出于遗弃,则此等儿女除了仰给于社会,就只有饿死。但这是一种极自然的过失。为要预防苦恼的叠出,而以监禁或处罚,制裁这样自然的错误,是很不正当的。人们遂同意以耻辱为之制裁。此外,犯罪的事实,在妇女方面更为明白显著,是更不致于误认的。一个儿童可以常常不知道谁是自己的父亲,但谁是母亲,却很容易就能确实知道。对于犯罪证据最完全而对社会的妨害又最大的方面,大家同意,处以最大部分的责罚。如有机会,社会将责男子以扶养儿女的责任。男子维持家族所必须负担的烦恼程度与劳苦程度既较大,所以如陷他人于不幸,即令仅蒙受几分耻辱,亦就算充分受了制裁。

现在,妇女犯罪,几乎要被逐出社会,男子犯罪,却几乎可以免受制裁;一看,那似乎是自然的正义之侵犯。但这风俗,当作一种最明白最有效的预防法,使妨碍社会的大事件,不致频频发生,虽然也许不十分公平,其起因却似乎是自然的。但这起因已遗忘在这风俗所生的新观念中了。当初因社会必要而实行的事

第 十 章

情,现今得依妇人淑德而维持。而这风俗,在其原初旨趣尚保存,现实上却最用它不着的地方,仍以最大的强力,在社会那一部分人身上,发生作用。

社会上这两个根本法律——财产的安全及结婚的制度———经制定,不平等的状况必然会随着起来。在财产分割以后出世的人,即在全世界均已被人占有以后,才来到这世间。如果他们的双亲,因有过大的家庭,致不能给他们以充足的扶养,又将如何在这一切均已被人占有的世界上生活呢?每一个人均有权要求等份土地生产物的社会,会发生什么最后结果,我们已经讲过了。人数过多致原份土地不足维持的家庭,不能像要求还债那样,向别个人,要求剩余生产物的一部分。因此,按照我们本性中的必然法则,就有些人必定要苦于贫乏。这些不幸的人,在生活的大彩票中,抽到了一门空签。请求者的人数,马上就会超过剩余生产物的供给力。道德上的功过,除了在极端的场合,乃是极难循以区别的规准。剩余生产物的所有者,一般都要寻觅更明白的区别标准。除了在特殊场合,他们自然会选择那些能够并自愿努力获取追加剩余生产物的人。这是自然的,又是正当的。如此,既有利于社会,又使所有者能扶助更多的人。一切缺少食物的人,将为急迫的必要性所驱策,而提供劳动,以交换生活上所绝对必要的物品。维持劳动的基金,等于土地所有者所有的,但超过自身消费所需的食物总量。对这基金的需要愈大愈多,每份的份额自然愈小。劳动的报酬将愈劣。人们劳动,将仅能获取必要的生活资料。家庭的扶育,必为疾病及贫穷所妨碍。反之,这基金如果增加迅速,这基金与请求者数比例言如果很大,每份的份额就会大增。任何劳动者,如不能得充分的食品量作报酬,他就不会以劳动交换。所以劳动者将会生活得安逸而舒服;从而能够扶养较多数较有元气的后裔。

在我们所知道的任一国内,下层阶级人民的幸福或贫穷程度,现在均主要取决于这基金的状况。人口是增加,是停止,抑是减少,又取决于这幸福或贫穷程度。

人 口 论

这样看来，一个社会，就令按照所能想象的最美的形态组织，不以自爱心而以仁爱心为推动原理，一切人员的不良性向均不由势力而由理性矫正，也终久会按照本性的必然法则，（非因人间的原始罪恶）在极短期间内，沦落下去，使该社会的组织计划，和今日任一国的组织计划，没有本质上的差别。我的意思，是沦为这样一种社会，在那里，有资产阶级与劳动阶级是区别，且以自爱心为大机械的主要动力。

在前所假设的场合上，我所举的人口增加率，无疑较实际会有的增加率更小，我所举的生产物增加率，又无疑较实际会有的增加率更大。在假设的状况下，人口增加，一定会比任何已知的实例，更为迅速。假设在这场合，人口不要 25 年，只要 15 年就会增加一倍，并想想要在这样短期内使生产物加倍，即令可能，也须费多少劳动，我们就敢大胆说，葛德文的社会制度，即令在最完善的情形下确立了，不用说不要几万世纪，甚至 30 年不到，就会由一个单纯的人口原理，全行破坏。

我这里不提到人民移出，有显明的理由。如果欧洲其他地方亦设立了这种社会，它们在人口方面当然会发生同一的困难，不能容新来的人入境。假若这美的社会只存在于这岛国，它的本来纯洁，就已经损失了许多，它所希望的幸福，已经就只实现了极小部分。总之，在该社会已有任何人愿自动离开，生活在欧洲现政体下，或忍受极端困苦而卜居异地以前，该社会的根本原理必已经完全破坏。我们由反复的经验，会明白知道，人们必须经受极端的困苦，才会决心离开祖国；追寻新殖民地的计策无论怎样动听，亦屡屡为濒于饿死的人所拒绝。

第十一章

• *Chapter Eleven* •

> 葛德文推测,两性间情欲未来会消灭——这种推测,没有明白的根据——爱欲不与理性或德性相矛盾。

ENQUIRY

CONCERNING

POLITICAL JUSTICE,

AND

ITS INFLUENCE

ON

MORALS AND HAPPINESS.

BY

WILLIAM GODWIN.

THE THIRD EDITION CORRECTED.

IN TWO VOLUMES.

VOL. I.

LONDON:

PRINTED FOR G. G. AND J. ROBINSON,
PATERNOSTER-ROW.

1798.

第十一章

我们曾设想，葛德文的社会制度曾一度完全设立。但这假设不可能。这制度一经设立，即有自然的原因马上把它破坏；这自然的原因，又会使这制度没有设立的可能。猜测有任何理由，可据以假定此等自然原因的变化，是一种损失。世界五六千年以来，并没有任何运动，表示两性间的情欲，日益消灭。一切时代颓年的人，对于自身不复感到的情欲，都高声反对，但极少理由，亦很少成功。生理上气质冷淡，不知恋爱为何物的人，没有资格，批判这情欲，对于生活的快感总和，有怎样的贡献力。浪费青年时期于不正的放逸中，准备年老后，以肉体衰退及良心苛责自娱的人，亦咒骂这种快乐为空虚无益，不能生出永久的满足。但纯粹恋爱的快乐，在最进步的理性及最高尚的德性之前，决不会是不当的。一个人，如曾一度经验道德的恋爱之真正的愉快，往往无论有怎样大的理知的快乐，终会回想到这时期，认这时期是他全生涯的太阳点。这时期，是他极爱回想的时期。他以最上的爱惜，追怀这时期，冥想这时期，并顶愿意再生活在这时期。理知的快乐所以较优于感觉的快乐者，与其说因前者较为真实较为本质，尚不如说因前者所占时期较长，所占领域较大，且更不易满足。

每一种享乐，如无节制，都可破坏它本身的目的。最晴明的天气，散步于最美丽的乡村，如行过远，结果一定是苦痛与疲倦。最卫生而富有滋养的食物，食之无度，就不但不能使人健壮，且将使人萎弱。甚至于理知的快乐，虽比较更不易满足，但若用之不息，亦足使身体衰弱，而损伤精神的元气。此等快乐的滥用，是常常有的，不过，如要否认这种快乐的实有，却殊难称为适当。照高德文氏说，道德即是结果的打算，或如亚齐德康·巴勒所

◀ 葛德文《政治正义论》英文版扉页。该书的中文全名为《论政治正义及其对道德和幸福的影响》。

说，道德即是神的意志，那是由一般便利推得的。这两个定义，都表示了感性的快乐，倘不伴着引起不幸结果，就不能说已侵犯道德法则；设其追求有度，留有最广大的余地给理智发展，那就无疑会在生活上，增加快感的总和。由友情而高尚化之道德的恋爱，似乎就是在一定方法下，混合感性的享乐和理智的享乐，使最适于人的天性，最能唤起人的同情心，生出最优美的满足。

葛德文因要表明感性快乐之逊劣，曾说："两性间的交易，如果把它所伴起的一切事情除开，它就会被轻视。"这样，他可以对一个观赏树木的人说：除去树的繁茂的枝，娇嫩的叶，你在这棵树上，还看得见什么美？但使人观赏的树，是有枝有叶的，决不是无枝无叶的。一件事物，它的特色和它的总体，可以是两种相差极远的事物——譬如一个美丽的妇人和马达加斯卡尔的地图——从而引起极不相同的情绪。唤起爱欲的，是女人"身材匀称，活泼，温柔，亲切，想象，及机智，"而不单因为她是女性。一个人为爱欲所驱使，可被迫而大有害于社会一般利益。但若这女人仅有女人的形象，并无任何引人注意的点，他或不难抵抗诱惑。从感性的快乐，除去一切伴起的事情，以证明感性快乐的逊劣，好比剥夺磁石的最本质的吸引力，然后断言磁石的作用微弱。

每一种享乐，无论是感性的抑是知性的，其追求均有理性为其适当的矫正者指导者。理性，使我们能够计算结果。因此，进步的理性，虽不能灭绝感性的快乐，但往往可以预防这快乐的滥用。

我曾努力说明，从限界不能确定的部分的改良，推论进步无限的议论，是误谬。我以为，有许多例子，虽然表示了明显的进步，但若假设其进步无限，却是大谬不然。而且，两性间情欲日趋消灭的话，一向就没有任何进步可资观察。设想这样一种消灭，仅仅提示了一个无根据的推测，没有任何哲学的盖然性，可作根据。

历史充分阐明了一个真理。有些有最高度精神力的人，不

第十一章

仅适度地享受性爱的快乐,且过度地沉溺其中。说伟大的理智的努力,有一种趋势,会减少这情欲对于人间的支配,虽有许多实例与之反对,我仍愿予以承认。但就令承认这点,人类大众的进步,如不超过现在人类的最光明的典型,亦恐不能生出足够的差别,而予人口增加以显著的影响。我决不要设想人类大多数已经达到了改善的限界;这论文的主要议论,是提示一个强有力的观点,即,任一国下等阶级的人民,也不能十分免除贫乏与劳动,而成就理智的高度发展。

爱尔维修(Heivétius，1715—1771)

爱尔维修的作品

葛德文受爱尔维修、卢梭等人的思想影响比较大。

第十二章

• *Chapter Twelve* •

> 人寿无限延长,葛德文的推测——精神刺激对人体是有影响的,但从此推得的推论,却是不适当的,以各种事实为证——不以过去事实为根据的推测,不能说是哲学的推测——葛德文孔多塞推测世间人类日近于不死,这是怀疑主义不合理的例。

第十二章

葛德文推测，未来人类在世间是日近于不死的。这种推测，见于他所著书的一章。这一章的目的，在于除去人口原理对平等制度之反对。他把这个意见安插在那里，一看似乎是很奇怪的。他如不假设两性间情欲减少速于寿命增加，地球必将因此而较从前各时期更为拥挤了，但这困难，留下来给葛德文罢，我们且一检察人类或可不死论所根据的几种假象。

为要证明精神对肉体的支配力，葛德文说："一个好消息，往往可以把病医好。同是一件事情，对于无所事事者，是疾病的原因，对于忙碌勤劳者，却可以是极易遗忘。我走20里，如精神疲惫，结果一定是十分疲倦，如精神饱满，动机活跃，结果我在行程上必定始终觉得清新活泼。接来信，如有不曾预期到的文句，则由此激起的情绪，必定会在肉体上，唤起极异常的激变，即增加血液循环的速度，加甚心脏的鼓动，使舌尖麻木失去作用，甚至由极端的苦闷或极端的欢喜而死。医生知道，没有什么，还比精神力，更能帮助或妨碍病的复元。"

这里所述的实例，主要是要说明精神刺激对于肉体构造的影响从来没有人怀疑过精神与肉体的密切（虽然是神秘的）关系。但假设精神刺激可继续以相等的势力应用，或因见其能一时如此应用，遂假设其用之不竭，用之不敝，却是完全不了这种刺激的性质。在此所列举诸种事例中，刺激的强度，取其新奇性及突然性。按照它的性质，这种刺激就不能以同强度，重复生将出来；愈是重复，强力所由而生的特性必愈。

在其他场合，他的议论又由小的局部的结果，大的一般的结果。这种推理法，大概说来，是大谬误的。勤劳的人，固可在相当程度上，克制或漠不关心肉体上的不舒服，而一个无所思虑的人，哪怕就是一点小毛病，斤斤注意。但这

◀纪念孔多塞的邮票

人 口 论

现象，不能证明精神的活动，能使某人不介意于高度的热病，天花病，或黑死病。

动机轩昂的人，走 20 里，抵目的地后，虽稍有疲劳，他是不会注意的；但若倍其动机，使再行 20 里，再倍其动机，使再行 20 里，并依次类推下去，他能行多远，终须取决于其筋力，而不取决于其精神。鲍威尔因要得 10 几尼而情愿跑的路，或者比葛德文因要得 50 万几尼而情愿跑的还要远些。一个人，如果体格的强壮不过中平，在过强的动机下，或不免过分劳动，而自杀其身。这动机无论如何亦不能使他在 24 小时内行 100 里。这个例可以说明，一个人初行 20 里虽全不感疲乏，但假设这是因为他不疲乏或不感到疲乏，却是谬误。精神不能同时强烈注意于一种以上的对象。二万磅金已如此吸引他的系念，腿骨如果不顶酸痛，脚部如果不顶麻木，他是一点也不会注意到的。就假设他走 20 里后，和出发前是一样清新活泼罢，如果说他能像初行 20 里一样惬意的，再行 20 里，再行 40 里，却会引出一个显明的悖理。当一良马已经半疲时，设有适当的驾驭，拍车刺激它，它将往前冲，旁观者见它雄赳赳，也许会说它是刚才开步。就连马自己，在刺激所惹起的热情与激情中，亦将不觉疲倦；但若从这现象推论刺激不止，马亦不疲，却极相反于一切理性与经验。一群猎犬的吠，也许能鼓起一匹已行 40 里的马，像出发时一样清新活泼。在开始追猎时，骑者也许一点也不觉得马力已有减退，但猎获一日已毕，已往的疲劳，却必发生充分的压力与影响，使它更迅速地觉得疲倦。这是不错的，持枪远行而一无所获，归来时，必痛感疲劳之不安。他日，我行猎的地域也许一样大，而猎获甚多，归家时，我必显出清新活泼的模样。在这两天的当天，疲劳的感觉，是大有差别。但这差别，在两个翌晨，却是不能发现。在猎获甚多那天的翌晨，我当会觉得，我的腿骨是一样酸苦，我的脚部是一样麻木。

在这一切场合，对精神的刺激，与其说真正抵杀了肉体的疲劳，不如说使人不注意肉体的疲劳。如果我的精神力真正抵杀

第 十 二 章

了我肉体上的疲劳,为什么我在翌晨会感到疲劳呢?如果猎犬的刺激,事实上,像表面上一样,可完全克服行途的疲劳,为什么走了40里的马,比不曾走40里的马,又更容易感到疲劳呢? 当我著作此书时,我患极剧烈的牙痛。因专心于著作,我屡屡把这痛苦忘于暂时间。但我不禁要想到牙痛的肇因,还是向前增进,而传达痛感于大脑之神经,在这暂时间,亦要我对它注意,并要我专心注意于它。但这种振动要我注意于它,其他种振动或许会出来干涉,不许我答允它的要求,直到后来,才以非常的一击,把一切其他的振动排除了,破坏我著作的精神,并在大脑中压倒一切。在这场合,像在其他场合一样,精神都没有或很少抵杀或疗治痛苦的能力,就令所受刺激特别强,亦只能移转注意于其他对象。

我并不说,健全旺盛的精神,没有保持肉体于同一状况的任何倾向。精神与肉体的结合既如此紧密而密接,设其作用不能互相帮助,倒是一件反常的事。但比较起来,肉体对于精神的影响,比较多于精神对于肉体的影响。精神的第一目的,即是调节肉体的欲求。此等欲求全得满足,活动的精神,固往往会进一步,徘徊于学问界,或涉猎于想象国,或幻想"已离去这浮生,"而寻求相类的要素。但这一切努力,好比寓言中的兔的努力,乃是徒然的。行动迟钝的龟——肉体——无论精神徘徊的范围怎样阔大,终必能把精神克服。最光辉最旺盛的精神,在受第一次或第二次号召的时候虽立即起来,但大脑的王国,到底终要在饥饿的要求前面屈服,不然,就会随力竭的肉体,陷于睡眠状态中。

有人说,倘能发现一种药,使肉体不死,则精神不死,无疑会伴着发生。这种说法,一看似乎是很正确的。但精神的不死,并不能推论肉体的不死。反之,可想象的最大的精神力,还会枯竭而破坏肉体力。适度的精神力固有利于健康;极大的精神努力,据以上所说,还不如说有消耗其肉体的倾向。葛德文因要证明精神对于肉体的支配力,从而,证明人类不死的盖然性,曾举出许多例来,这些例,都属于后一类,如果不绝应用这一类的刺激,

人　口　论

那就不但不能使人的肉体不死，且将迅速地把人的肉体破坏。

人类意志对于躯骸的支配力能否增加，是葛德文次要讨论的问题。他的结论是，就这方面说，一些人所不能做的事，按照另一些人的意志力，被发觉了是可以做到的。但这种推理，乃用少数例外，推翻一般原则，而此等例外，与其说是力，可用以促进好目的，尚无宁说是戏法。我自来不曾听见有谁能在热病中调节自己的脉搏。我十分怀疑，有没有谁，曾在肉体疾病之规则的疗治上，从而在寿命的延长上，作出稍稍可以知觉的进步。

葛德文说："因某一种力不为我们今日所观察，便断言那在人间精神的限界之外，是最不哲学的。"就这点说，我承认，我的哲学观念，和葛德文的哲学观念，大有差别。在哲学的推测与预言家布拉叟的断言之间，我只看见了一种区别，即，其一以今日所能观察的现象为根据，其他没有任何根据。我希望各种人类学问，尤其是物理学，尚能有大发现；不过，如果离开过去经验，不把它看作根据以推测将来，尤其，是如果我们的推测绝对与过去经验相矛盾，我们就踏入了极不确实的旷野，一切假设都无所谓正与不正了。假若有一个人告诉我，人的前面有手与眼，人的后面亦终将有手与眼。多有一双手，多有一对眼，当然是有用的。但我以前不曾看见有任何现象，可据而推论这样一种变化稍稍有发生可能，这就是我不信有这变化的理由。如果这算不得妥当的反对理由，则一切推测都是同样的，而且同样是哲学的了。我承认，据我看，据我们现在所观察，说人将有四眼四手，说树木将不直立而横立在同一水平面上，是没有真实证据的；说人类将来可以在世间不死，是同样没有真实的证据。

或谓，世间有许多发现，全然不曾有人预先看见，而出人意料之外。这，我承认是真的；但若预测此等发现的人，不为过去事实之类比或指示所指导，他就只配称为预见者或预言家，不配称为哲学家。近世某一些发现，虽足引起台苏斯及亚基里斯时代欧洲未开化居民的惊异，但这惊异，不能证明什么。几乎完全不知道机械力的人，要猜测机械力的结果，是没有希望的。我并

第 十 二 章

不说,我们现在已充分认识人类的精神力,但比较四千年前所知的,我们对于这工具,确乎知道得更多。所以我们虽不能说是够资格的裁判者,但比较未开化民,却更有资格说什么是我们精神所能把握的,什么是我们精神所不能把握的。未开化人见一表,必大惊讶,认其为永久运动。但在我们看来,表显明是一件机械,永久运动却为最敏锐的理智努力所永不能想象。在许多场合,我们现能了解这等等发明物何以不能无限改良——在当初,那似乎很可以无限改良——的原因。最初改良望远镜的人,也许会想,镜之大及管之长增加,这工具的能力与利益,亦会增大。但此后的经验,却告诉了我们,视野的狭小,光线的不足,天气条件的增大,使望远镜不能由镜异常大管异常长,生出预期的有利结果。在知识的许多部门,人几乎不绝有相当的进步;在其他部门,他的努力却不绝遇着妨碍。这巨大的差别何以发生的原因,是未开化人所不能猜想的。进一步的经验,却使我们对于此等原因,有若干洞见。从而什么可预期于将来,我们虽不必更有判断能力,但什么不能预期于将来——虽然是消极的,但确是一种最有用的知识——我们却将因此而更有能力判断。

  睡眠之必要性,与其说取决于精神,无宁说取决于肉体。因此,要由精神改善而大大除去这"显著的弱点",似乎是不可能的。在精神上受大刺激可两三夜不睡眠的人,必按比例,消耗肉体的元气。健康与体力的减退,马上就会扰乱他的悟性作用,所以虽有此等大努力,睡眠的必要性,却仍不能因此而真有进一步的减除。

  就精神之能力,仁爱之行为等等说,我们所知道的种种性格,是有充分显明的差别的——这,使我们能够判断,在寿命的延长上,知力的作用,是否有任何判然的结果。这种判然的结果,还未曾为人所看到,这是毫无疑问的。虽然随便怎样注意,结果都似乎不曾使人生日趋近于不死,但就这方面说,似乎更会有这结果的,并不是精神的注意,而是某种肉体的注意。饮食极其得当,运动极其得当的人,比较深入精神事业,屡屡忘记肉体的要求的人，就往往更为健康。思虑不出田园足迹不出田园而终日家居的隐退居民，比较知力范围最扩大头脑比同时任何人都更清晰的哲学家，也许有同样长的寿命。曾注意死亡表的人，将会明白看到，平均说来，妇女的寿命较男子为长。我虽不要说女人的智力较逊，但我以为，我必须承认，因教育不同，努力于知识精神方面的妇女，必较男子为少数。

　　就这些例说，或就更广泛的例说，数千年来，虽发生了种种不同的性格，但智力并不曾在人类寿命上引出任何显著的结果。世间人类的必死性，与最不变的自然法则，是同样完全确立了的，其确立且恰好立在同一基础上。宇宙创造者的力的直接活动，固可突然的逐渐改变这诸法则之一或全部，但这种变化既无任何现示，这种现示又不存在，则假设人类生命得延长至无限，岂不同假设地球吸引力将变为排斥力，石不下落终将上腾，地球某时会失其轨道而飞向更暖更热的太阳一样，太不哲学么？

　　那一章的结论，无疑在我们面前呈现了一幅极美丽极可爱的图画，但那图画，像是一幅空想的不合真理的风景画，自然及盖然性方才能够唤起的兴味，在这里是不能唤起的。

　　关于人类寿命无限延长，葛德文及孔多塞的推测，已如上述。这种推测，可以说是灵魂盼望不死的一个极妙的例。在未考察这点以前，我们是不能把问题放下来的。有一种天启，绝对的允许在此世以外，有永远的生活。对于这种天启，葛德文孔多塞二位，均曾加以排斥。一切时代的最能干的智人，都认自然宗教的光明，曾指示灵魂未来的存在；但他们不承认这点。不过，不死观念与人类精神是如此亲近的，所以他们又不要全然从他们的体系中，排去不死的观念。他们坚决怀疑不死的唯一可能方法以后，另提出一种不死性，那不仅与哲学的盖然性法则全相矛盾，即就它自身说，亦含有最高程度的褊狭与不公。他们假设，一切伟大的有德的高尚的精神，或是曾经有过的，或是数千年内数百万年内会有的，都须归于全灭，但有少数人——其数目不较地球上现存的人数更多——终久会带起不死的冠。这教

第 十 二 章

义，若当作一种天启的教义提出，我相信，一切宗教的仇敌，连葛德文孔多塞包括在内，都将竭全力嘲笑它，说它在一切迷信家所发明的教义中，是最孩子气，最不合理，最贫弱，最可怜，最不正，最于神不配的教义。

这种推论，对于怀疑论的矛盾，暴露了一个怎样巧妙的例啊！因为，这是应该知道的，与最一般经验绝对矛盾的断言，和不与任何事物矛盾但为我们今日所不能视察不能知识的断言，是两种不同的断言，①从而对这两种断言的信仰，亦有显著的本质的差别。我们周围的自然物太复杂了，有这许多伟大力，每日呈现于我们眼前，所以我们正可假定，自然界有许多形象，许多作用，尚为吾人所未曾观察，并且用我们现今所有的有限的知识，那亦还是吾人所不能观察。由谷粒既可萌麦芽，由橡实既可萌橡木，则脱离自然体而复活精神体，亦似乎不是什么怪异。设有一有智者，其处境如此，致只能与无生物或已十分成长物相接近，从未亲见植物发育成长的过程；另有一人，示他以两小片物，一麦粒，一橡实，希望他加以检查，如果愿意，还加以分析，以探知其性质及本质，然后告诉他，这两片物虽看来很是轻微，但持有奇异的选择力，结合力，排列力，及创造力，如播之地上，它们就会在尘埃湿气中，选择最适宜于自己的部分，并以奇异的嗜好，判断，及行为，把这些部分搜集而排列，并长成美丽的形式，绝不类似当初播在地上的小片物。我想，我假设的这位想象人，在相信这怪逆的断言以前，比较在相信这样的话——有一个神，作为他周围所能看见所能意识到的一切物的原因，将依一种力，对于人类的死亡及毁灭，发生大作用，从而提起无形的或至少是

---

① 当我们睁眼看到此世以外，我们所能有的指导，就只是引证，推测，暧昧而不确切的感情了。所以，我这里所说，在我看来，并不抵触于此前所说——即，任一特殊事件。如不为过去的类似事件所指示，望其发生，实反于哲学。我们所履止的，如果是一个一去不复返的境界，这原则放弃，亦甚合理。但若我们所讲的，是这世界的事件，把这原则放弃，却一定会和真正的哲学相抵触。不过，类推法是极宽容的。例如，因为人类过去曾发现许多自然法则，类推法就指示，他们还可以发现许多其他的法则；但任何类推法，亦不会指示，他们会发现第六种感官，或全然超越我们今日的观察系列，而在人类精神中，发现一种新的力。

人 口 论

不可目见的思想本质,使在另一状态下,过更幸福的生活——以前,必更觉踌躇,而要求更好的引证,更强的证明。

就我们自己的理解说,于后一断言不利的唯一差别,是前一种奇迹,①为我们所反复看见,后一种奇迹,却为我们所不曾看过。这惊人的差别,我是承认的。但如下的主张,还更不可怀疑。即,置天启一事于度外,离自然体使精神体复活——在许多不能目见的自然作用中,这只是其一——比较人类在这世间不死——这件事,不但以前未有征象,且积极与人类所观察的最不变的自然法则之一相矛盾——的事,是有遥较为大的可能性。

在这里,我或许又该向我的读者表示歉意,因我花费这多时间,研究这样一种不必研究的推测。我知道,有许多人会觉得,这推测是太悖理太不可能了。但若那是不可能的,并且像我所想的,与哲学的真精神相反,又为什么不应加以公平的考察呢?一种推测,一看无论是怎样不可能,但若由能干聪明的人提出,至少亦是应当研究。就我自身说,人类或可在这世间不死的意见,我是不惜予以相当赞同的——如果用来支持这意见的现象,值得我们赞同。所以,在我们未决定这事件决不可能以前,即是最公平的探究此等现象。但此等现象的探究,却使我得到这样的结论,即,假设树可长得无穷高,马铃薯可长得无穷大,固无理由,假设人的寿命可以无限延长,还更无理由。②

---

① 每一粒种子所表示的选择力,结合力,变形力,都真是奇迹。谁能想象,在这小片物中,含有这奇怪的能力呢?设想自然之伟大的神曾以充分精力表现于这一切作用中,在我看,与哲学的精神,甚为吻合。这万能的存在物有橡实固可长一橡木,无橡实亦可同样容易的长成一橡木。播种于地的准备过程,乃是为的人类的效用,作为物质觉醒成为精神所必要的一种刺激。假设世界即是精神所由创造所由成立的伟大过程,既不与我们周围的自然现象相抵触,亦不与人生的种种事件相抵触,更不与神对人的连续的启示相抵触。当然有许多器物,要在不正的形态上,从这大熔矿炉中出来。但那些,会当作无用的东西,打破了丢在一边。充有真理充有名誉充有美形的器物,却将浮在更幸福的地位,而与伟大创造者更为接近。

② 葛德文虽声明人类寿命得无限延长的观念只是推测,但他既提出若干现象,认其可以支撑他的假设,他当然会觉得,此等现象应该研究。我这里所要做的,亦就是这个。

第十三章

· Chapter Thirteen ·

葛德文视人类只有理性，是一个谬误——人是一种合成的存在物，在悟性的决定上，情欲常常是一种扰乱的势力——葛德文关于强制问题的推理——性质不能由一人传达他人是真理。

第 十 三 章

在我所检验的这一章,葛德文承认人口原理是他的平等制度的反对。但他以为这种困难,为期尚甚辽远,却是一个大错误。这种困难,不要待无数百万年后才会发生,那其实用不着 30 年,甚至于 30 天。人类在世间日趋不死的假设,不能缓和这困难。因此,在这一章,有除去这困难的倾向的,就只有下述那一种推测了。他推测两性间的情欲消灭。但这推测,既然只是一种推测,没有任何证据可为之支持,所以我们正可说,反对方面的重力,毫不受损害,且有充分的重力,可以完全推翻葛德文的平等制度全部。但关于葛德文推理的若干重要部分,我仍要作一二观察。这种观察,更可说明,在他的政治正义论中,人性及社会性质的大改良,虽使我们叹赏,但要合理的希望他成功,却是很少可能性。

葛德文过分的视人类为只有理智,这是错误,至少在我看是错误。但这错误,就弥漫在他全书,与他全部推理相混合。人的意志行为,可以在他们的意见中创造;但一个合成的既有理性力复有肉体性的动物的意见,可以和完全合理的动物的意见,大不相同。葛德文,当证明健全推理与真理可以传达的时候,曾先就实际方面考察这命题,然后说:"这命题,在粗杂的实际的考察之下,是采取这个外观。但在严密的考察下,这一命题却不许有任何争论。"人是理性存在物这考察,不但不能称为严密的考察,我承认,我还应称其为再粗杂再错误没有的考察方法。这种考察法,有如计算下落体在真空中的下落程度后,主张下落体在有抵抗媒素的地方,将以同一速度下落。这不是牛顿的哲学方法。应用于特殊问题而正确的一般命题,是很少的。月,不依一种单与距离平方为反比例变动的力,而环绕地球,保持其轨道。地

◀《人口论》(*An Essay on the Principle of population*)现代牛津版封面及最初的英文版扉页。

人 口 论

球，亦不依一种单与距离平方为反比例变动的力，而环绕太阳，保持其轨道。要定立一般理论，恰好可适用于此等天体的回转，必须精密的计算日对于月的扰乱力，月对于地球的扰乱力。在此等扰乱力未适当的计算以前，此等天体运动之实际观察，只足证明这理论不是精密的真理。

我愿承认，一切意志的行为，都先有精神的决定。但若说人类肉体性向，对于这种决定，不是很有力的，作为一种扰乱力，那就不仅与这问题的正当理论相反对，且显与一切经验相矛盾。所以这问题所要问的，不仅是：是否可使人理解明确的命题，是否可使人信服那无可反驳的议论。当作一种理性的存在物，他可以十分确信真理，但当作一种合成的存在物，他却可决心反于真理而行为。饥饿的要求，酒的嗜好，娶美女的欲望，将驱使人明知此种行为大有害于社会一般利益，而不免明知故犯。除去他们的肉欲，他们固将毫不踌躇的决心反对此种行为。如果别人有这种行为，你请教他们的意见，他们固然会立即加以责斥。但若行为的是他们自己，而他们又有种种肉欲的话，则合成存在物的决定，必大不同于理性存在物的确信。

倘若这是正确的见解，（理论与经验都会一致证明它是）那么，葛德文第七章关于强制问题的全部推理，就几乎全立在误谬上面了。他费若干时间，树起一种滑稽的见地，企图以打击的方法，说服人的悟性，并从人心中，阐明一个疑惑的命题。无疑，那是滑稽的，野蛮的，斗鸡亦是这样。但前者稍较后者有关于人类刑罚的真正目的。一个频繁的（而且太频繁的）刑罚，即是死。高德文氏能说死的目的，在于使人确信么？至少，依这方法开明的悟性，对于个人，对于社会，似不能提供许多未来的利益。

人间刑罚的主要目的，无疑是限制与示例。限制，是从社会除去习惯不良而于社会有害的个人；示例，是表示社会对于某罪的意见，更显而近的，联合罪与罚，维持一种道德的动机，以劝止他人犯罪。

葛德文虽视限制为暂时的便宜策，但指斥孤独的监牢——

第 十 三 章

这其实是使犯人道德改良的最有效的唯一方法。他以为，自私的感情，由孤独养成，德则由社会养成。无疑，德不能由监狱的社会生出。如果犯罪的，单与有能有德的人交际，比较在独居状态中，他也许会更有改良。但这是实际可能的吗？葛德文的创意，似更常用来发现罪恶，更不常用来提示实际的救济法。

例如，刑罚就全被指斥。因要悬示很严重很令人注意的例，国家固每每采用最野蛮的残忍办法。但任一办法的滥用，亦不能适当地反驳这办法的使用。在这国度，如有杀人案出，必不避疲劳去探访，其刑罚亦必求确切。此等手续，都很有力的，使普通人民生出一种感情，即杀人案早晚会水落石出。杀人结局所引起的恐怖，将使人们，在情欲的苦迫中，放下屠刀，免为复仇心所诱惑，而杀害他人。在意大利，逃入圣域的杀人犯，往往可以避免刑罚。因此在意大利那国度，人们并不那样憎厌犯罪，犯罪的事情，亦就发生得更为频繁。如果我们知道了道德动机的作用，我们对于如下的结论，必不会有片刻的怀疑：即，如果在意大利，杀人犯都不免受刑罚，则在情欲的变动中使用短剑的事情，也许会比较少些。

人间的法律，是否恰好比例其罚于罪，那是谁也不要断言的。动机既极不可测，所以，要使二者保持恰当的比例，乃绝不可能。这不恰当，虽可说是一种不公平，但不能适当的用来反驳人间的法律。人注定了要屡屡在两种罪恶之间，选择其一。一种制度，如果是预防较大罪恶的最善方法，我们就已有采纳这制度的充分理由。继续努力，使制度尽其所能，达到最完美的境界，无疑是应当的。但最容易的，莫过于发现人间制度的缺点；最困难的，莫过于提示适当的实际的改良。可惜，费时间于前一任务的能人，比费时间于后一任务的能人，更多。

知识较高人民间亦常有犯罪事件发生，充分证明了有一些真理，虽可使人信服，但不能常常在行为上，生出适当的影响。而且有一种真理，按其性质，也许就永远不能由一人传达于他人。理知的快乐优于肉感的快乐：葛德文以为那是一个根本真

人 口 论

理。在全部事情的考虑下,我乐于对他表示同意;但是如有一个人,从来不曾感受理智快乐,我将如何以这真理传达于他。那好比对一个瞎子谈颜色的性质与美。即令我竭力的忍耐的明白的说给他听,并反反复复地劝告他,我亦无希望,可进一步达成我的目的。我们之间,无任何共通的测度。我不能逐步进行:这真理,按其本性,即绝对不能论证。我所能说的一切,不过是,一切时代最贤最善的人,都赞成宁可享受理知的快乐;我自身的经验,完全证实了他们所主张的真理;我发觉了肉感的快乐是空虚的暂时的,且将不断的伴起倦怠与嫌厌,理知的快乐却永远是清新的青年的,使我无时不感到满足,它会给生命以新刺激,并永远安静着我的精神。如果他相信我,那一定因为他尊敬或畏敬我的权威。这是信赖,不是信服。我不曾说一句话,可以生出真的确信,我亦不能说出一句话,可以生出真的确信。这压根儿就不是推理的事件,只是经验的事件。他也许会这样答复:你所说的,就你自身及其他许多贤人说,固可说是真理,但就我自身说,我关于这问题,意见却是极不相同的。我屡次拿起书来看,几乎对着书,就要瞌睡,但若到跳舞场去过一晚,或和一个美妇过一晚,我就觉得活泼,元气充足,真正享受了我的人生。

在这情形下,有成功希望的工具,不是推理与议论。不过,最忍耐最有力的劝告,不能在 40 年内造就的效果,也许在未来某时候,只要一个月,就会由感觉快乐之真的饱满,唤醒精神力之偶然的印象,造就出来。

第十四章

·Chapter Fourteen·

葛德文全书所系的关于政治真理的五个命题，均不曾确证——依人口原理而起之困难，何以会使人类的罪恶及道德上的弱点，不能全然绝根，我举出了几种理由——葛德文所谓完成可能性，不能适用于人类——人类的真实的完成可能性，其性质如何。

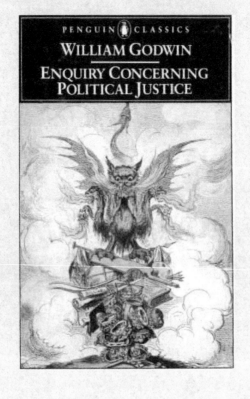

第 十 四 章

前一章的推理如果是正当的,葛德文关于政治真理,从这一命题——人的意志行为,从他们的意见中生出——推出的诸种系论,就都不会有明白的确证。这诸种系论是:"健全的推理与真理,如能适当的传达,必常战胜谬误？健全的推理与真理,是能够这样传达的？真理是全能的？人类的罪恶及道德上的弱点,不是不能克服的？人是可以完成的,换言之,可以不绝的改善。"

前三个命题,直可说是一个完全的三段论法。如果所谓适当的传达,意即谓一种确信,可在行为上生出适当的结果,则大前提可以承认,小前提须加以否认。结论即真理全能说,遂失其根据了。如所谓适当的传达,仅指理性力的确信,则大前提须否认,小前提只在能证明的场合是真理,从而结论同样失其根据。第四个命题,葛德文说即是前一命题,不过叙述方法略有改变。如果是,自亦须与前一命题同时崩坏。但我们也许值得参照这论文的主要议论,稍稍研究为了什么特殊理由,我设想人类的罪恶及道德上的弱点,决不能在这世间,完全克服。

照葛德文说,人是一种生物,他所以会像现在这个模样,就因为他从最初的胚胎发育以来,受入了各种连续的印象。设人所处境位,不受任何恶印象,则在此境位下,有德与否,固成疑问,但恶却确乎会摈除。葛德文论政治正义的著作,有一大倾向,如果我所理解的正确,他随处都要说明人间罪恶及弱点的大部分,是起因于政治制度及社会制度的不正义;倘若此等制度可以除去,人类的悟性又可更为开明,则此世间向恶的诱惑必甚少,甚至于毫无。但这证明了是一个全然错误的概念,(至少我想那是如此)不问政治制度社会制度如何,人类均有大部分,将

◀ 葛德文《政治正义论》现代英文版封面及葛德文的手迹。手迹内容是对女儿出生的记载。他的女儿后来嫁给了著名诗人雪莱。

人 口 论

按由固定不变的自然法则,因有缺乏,(即令无其他情欲)须永远蒙受恶的诱惑。按照葛德文的人的定义,则此等印象或印象的结合,在这世间,就非生出种种恶人不可。葛德文对于性格的形成,见解既然是这样,则在这情况下,要一切人成为有德的,就好像掷骰子,掷 100 回,要 100 回 6 一样,一定是不可能的。骰子的结合可以有种种式式,反复掷下去,可以生出非常多的样数。这种繁杂,在我看,很可说明,如果各个人所以有各个人的性格,就因为各个人生来所受的各种印象,是如此结合,则世间自不免会有种种性格存在。在相当程度上,这比喻还可说明,设想例外将成为一般规则,设想异常的结合将频频发生,设想伟大的德——那在一切时代,都是个别的事例——将普遍流行,都是不合理的。

我知道,葛德文一定会说,就某一点说,这比喻是很不适当的。在骰子的场合,前因或前因的机会,常常是一样的;因此,设想第二个 100 回的掷,比第一个 100 回的掷,会掷出更多次数的 6,是没有十分理由的。但人对于形成性格的诸种原因,却有某种能力,予以影响;因此,每一个善良有德的人生出,都必定会发生一种影响,使有德的性格,更有生出的机会;但骰子掷出一次六,却确不会增加第二次掷出六的机会。是的,就这点说,这比喻是不十分正确的。我承认这种反驳;但这反驳,只有部分的妥当性。反复的经验,曾使我们确信,最有德的性格的影响,罕能对极强烈的恶的诱惑,占得优势。那无疑会影响到少数人,但有遥为多数的人,不能受其影响。如果葛德文果能证明恶的诱惑,得由人的努力而除去,我将把这比喻放弃,至少,我须承认,人的手法可如此进步,以致每次掷下,都能掷出 6 来。但形成性格的印象,既有大多数,像掷骰的手法一样,绝对不受人类意志支配,所以,计算在世界未来时代,德与恶将持怎样的相对比例,固太可笑,太夸妄,但我们犹可安然断言:人类的罪恶及道德上的弱点,大体说,是不能够克服的。

第五命题,是前四命题的一般的演绎,如果支持这命题的基

第 十 四 章

础推翻了,这命题当然亦要崩溃。高德文氏所谓完成可能性一词的意义既如此,倘上述四命题未明白确立,则人类有完成可能性的话,亦就不能确凿地说将出来。但这名词还持有一种意义,就这意义说,那也许是正当的。说人类常常有改善的可能,那是合于真理的。说在人类历史中,从来没有一个时期,将来亦没有任何时期,能说进步已至极点,亦合于真理。但我们不能因此便说改良人类的努力,常常可以成功,亦不能因此便说人类将常常以非常的飞跃,向于完成。从此能够推出的唯一结论是,人类改良的准确的限度,是没有被知道的可能。在此,我不禁要提醒我的读者一种区别,这区别,在我看,就这问题说,是应该特别注意的。那就是,无限制的改良,同限界不能确定的改良,有本质上的差别。按照人类现在的本性法则,前一种改良,决不能应用到人类身上,后一种改良,却无疑可以应用到人类身上。

如我上文所述,人类的真实完成可能性,可用植物的完成可能性来例证。种花企业家的目的,据我想,即是统一其大小,其匀称,及其色之美。哪怕是最成功的改良家,亦不敢说,他栽了一种剪秋罗,其品质已达至善,无可进一步改良的地步。他的花,无论怎样美,亦还可有别种照料,别种土壤,别种光线,可以生出更美的。不过,他虽然知道,设想自己已达完成境是悖理的,他虽然知道,他是用什么方法弄到现在这样美的花,但却不敢断言,使用同样的方法,加甚强度,即可取得更美丽的花。努力改善某一种品质,或不免损害别一种品质的美。更肥的土壤,或可用来增加植物的大,但也许会破裂花的萼,立即破坏它的匀称。同样,强力的肥料,固曾引起法尔西革命,给人类精神以更大的自由与精力,但就破裂了人类的花萼和一切社会的束带。个个的花瓣无论怎样大,其中少数又无论怎样美,但其全体,却成了粗松的,不美观的,杂集的,没有统一性、匀称性和颜色的调和性。

石竹花剪秋罗如果有改善的价值,那我们虽不能希望其长大得像菜头,但我们由连续的努力,无疑可望取得比今日更为美丽的形式。改良人类幸福之价值,是谁亦不能否定的。这方面的任一种进步,即令是最小的,亦有其大价值。但人种的试验,与非人种的试验,是不同的。一朵花的破裂,是一件无足轻重的事,马上会有别的花起来代替。但社会束带的破裂,是各部分的分裂,必伴着给无数人以最烈的苦痛。要创痍复元,必须经长时期,且须忍大贫穷。

我所检验的这五命题,是葛德文的幻想构造的础石,表白了他全书的目的与倾向。所以,他的散漫的推理,无论怎样显赫,他所企图的大目的,总该算是失败了。由人类合成性生起的困难,他未曾充分除去,但除此以外,反对人间及社会完成可能性的主要议论,亦不曾因由他所提出的任何意见,而略受损伤。在我能信任我自己的判断的限度内,这议论不仅反对葛德文所谓广义的人间完成可能性,且指示了一般社会的形式与构造,不得有任何显著惊人的向善的变革。我的意思是,人类最下层最多数从而一般说又是人类中最重要的阶级,决不能在境遇上,有任何巨大而决烈的改良。我如果可以活一千年,自然法则又依旧不变,我敢断言,富人们无论怎样努力怎样牺牲,亦不能在任何时候,在任何早已为人所占据的国度,使社会下层阶级的境遇,与30年前北美诸邦普通人民的境遇相等。我这断言,决无与经验相矛盾的危险,不,不如说决无与经验相矛盾的希望。

欧洲下层阶级人民,即令在将来某时期,可以比现在受更好得多的教育,即令被教训,不费其少许余暇于酒店,而把它用在许多更好的方面,即令他们将来所服从的法律,可以比任何国既往的法律,都更善良更平等,即令我以为他们将来虽不必有更多闲暇,但亦未尝不能有更多闲暇,——但按照事物之自然,他们仍不能保有大量货币或生活资料,以致一切人均十分自信自己可以惬惬如,供给一个大家庭,从而一切人都早婚。

第十五章

· Chapter Fifteen ·

过于完全的模本,有时候,与其说会促进改善,不如说会妨碍改善——葛德文论贪欲与浪费——社会的必要劳动,要适当地分配于一切人,乃不可能——对劳动的讥嘲,可以惹起现在的恶,但没有或几乎没有机会惹起未来的善——农业劳动总量的增加,对于劳动者,常常是一种利益。

WILLIAM GODWIN DIES AT BALLSTON, VA.

William Stell received a telegram Monday, Feb. 12, from his niece, Mrs. William Godwin of Ballston, Va., announcing the death of her husband on Monday morning. Mr. Godwin has been a frequent visitor here and has made friends whi will regret his death and who extend sympathy to the bereaved widow and other surviving relatives.

第十五章

葛德文在其"研究者"序文中,有几句话,似乎暗示了,他的意见,自从他著"政治正义论"以来,已有若干改变。"政治正义论"是过去若干年的著作。我当然不免这样想,我前所反驳的意见,作者自己亦发觉了有修正的理由。我又觉得,在"研究者"某几篇论文中,葛德文特有的思考方法,是和以前一样有显著的光彩。

常常有人说,我们虽不能希望任何事达到完成点,但在我们眼前悬起最完全的模本,却也是常常有益的。这种说法,表面上是很可称赞的,但与一般真理相去甚远。试问,一个青年画家,是专心模仿已完成的图画更有利益,抑是模仿仅有轮廓而着色方法更易发现的图画更有利益呢?

这是一个明白的例证,就这例证说,模仿最完全模本有益的话是否真理,已是疑问。假若模本的完成性,和我们自然所向的完成性,是性质不同的,而且是更优越的,我们就不仅难得向这完成性进步,我们在不憧憬完全模本的场合可有发生希望的进步,也大概会受其妨碍。一个理智甚高的存在物,设无饥馑睡眠提出卑劣的要求,当然比人类更完全得多。但若人模仿这模本,他就不仅不能向这模本进步,他既如此不聪明的,努力去模仿那不能模仿的事物,他所要改进的少许智慧,也许亦会因此破坏。

葛德文所描写的社会的形式与构造,与世界上任何盛行的社会形式,都是根本不同的,那好比一个不要吃东西不要睡眠的存在物,和人类根本不同一样。改善现形式下的社会,不能达到他所描写的状况,好比两人平行,不能趋近一线一样。所以,问题是,以这个模样的社会作为北斗星,我们究将促进人类的改善,抑是妨碍人类的改善?葛德文"研究者"一书中的贪欲及浪

◀ 葛德文的墓碑及一则关于他去世的讣闻。

人 口 论

费论,对于这问题的解决,似乎就和他自己的主张相反对。

亚当·斯密博士说得很对:国家与个人,均依节俭而富,依浪费而贫;因此,每个节俭家都是国家的友,每个浪费者都是国家的敌。他的理由是,从收入所节俭下来的,常常加入资本中;用以维持不生产劳动的东西,遂得取出,用来维持生产劳动,(这种劳动会实现其自身于有价商品上。)没有这种观察,还比这更正确的了。葛德文论文的问题,骤然一看,似与此稍同,但本质上,却极不相同。他把浪费有害,看作是一个已经公认的真理,要比较贪婪的人和浪费收入的人。葛德文所谓贪婪的人,和亚当·斯密博士所谓节俭的人,至少就他们对国家繁荣的影响说,性质是全然不同的。节俭的人,因要弄得更多的货币,节俭其收入,而以之加入资本中;这种资本,他或亲自运用以维持生产劳动,或以之借人,也许会由此人用来维持生产劳动。他增加了国家的一般资本,而财富当作资本用,比财富当作收入用,又不仅能推动较多的劳动,而所推动的劳动又更有价值,所以他是福利了国家。但葛德文的贪婪的人,却以其财富锁于柜中,他没有推动生产劳动,亦没有推动不生产劳动。这是一个本质上的差别。如果亚当·斯密博士的命题显然是正当的,葛德文在这论文中提出的解决,就立即表明了是错误的了。所以,就在葛德文看来,指定了用来维持劳动的基金,锁在箱里,亦不觉对于贫民,生出若干不便。这反对论调,是颇有力的。他要减弱这反对力,唯一方法,即考察这二种性格能否促进这平等幸福状态——他说,这是我们应该憧憬着的,应该把它看作是我们的北斗星——之实现,来比较这二种性格。

我觉得,这论文的前部,已经证明这一种社会状况,乃是绝对不可实行的。在政治发现的茫茫大海中,拿这样一点,作我们的向导和北斗星,将会发生什么结果呢?理性将会告诉我们,可从此希望的,只是不绝的逆风,不断的但无结果的劳苦,频频发生的破船事件,及确实的痛苦。我们总想行向这完全的社会形式,但我们一定不能向这方面走;且不只此也,浪费心身精力于

第 十 五 章

这不可能的方向,再三失败所必致惹起的频频的苦痛,显然会妨碍我们所能做的社会改良。

按葛德文制度构成之社会,必依自然的必然法则,沦为有产阶级与劳动阶级。以仁爱心代自爱心为社会原动力,不但不能生出幸福的结果——在这好名词下所可希望的幸福结果——且将使今日仅一部分人所感到的贫乏的压迫,为社会全体所感到。人类天才所以有这一切高贵的努力,灵魂所以有这一切更美妙的情绪,文明状态所以有别于未开化状态,都赖有确立的财产制度,赖有狭隘的自爱心。这就是人类上升的梯。文明人的性质,尚未有十分变化,使我们能够说,人类现在或未来,可在某状况下,安然把这梯抛弃。

已进步到未开化状态以上的社会,倘均须有有产阶级与劳动阶级,①那么,劳动既然是劳动阶级的唯一财产,凡物,有减少这财产价值的趋势,亦必有减少社会这一部分人的财产的趋势。贫民要独立的支持其自身,唯一方法即是体力的动作。贫民要交换生活必需品,他所能提供的唯一商品,即是劳动。缩小他们这商品的市场,减少对劳动的需要,减低他的唯一财产的价值,如何可说于他有利。

葛德文也许要说,物物交换及交换的制度全体,都是下贱而不正当的买卖。如果你真要救助贫民,你需分担他的劳动一部分,或给他货币,不向他要求这样残酷的报酬。关于第一种方法,我可以说,即令能劝告富人,使按这方法帮助贫民,帮助的价值,亦会无足轻重。富人,虽自觉地位重要,但以人数计算,富人数必远逊于贫民数。因此,即令富人愿用这方法帮助贫民,他亦只能分担他们的负担一小部分。原雇在奢侈品制造业上的人,

---

① 应注意,这论文的主要议论,仅要证明有产阶级与无产阶级的必要,并不要推论,像现在这样太不平等的财产,亦为社会所必要,或于社会有用。反之,那必须视为一种罪恶,凡足促进这罪恶的制度,都根本是有害的错误的。但政府为社会利益计,宜否积极干涉财产的不平等。却是一个疑问。亚当·斯密博士及法兰西经济学者所采纳的宽大的完全自由制度,也许较任何限制制度,都更优良。

人 口 论

设都改雇来生产必需品,而这一切必要劳动又能适当地分配于一切人,每个人所需负担的劳动,固可比较的轻;但这适当的分配,虽为人所愿欲,但我想不出,有任何实际的原理,[①]可凭据来实施这适当的分配。我曾说明,仁爱的精神,果如葛德文所描写,为严格无私的正义所指导,其严格施行,且将陷全人类于缺乏贫穷之中。其次,我们且考察,假设有产者保留适当部分以后,即以其余施于贫民,不勒令其工作以为酬答,又将发生什么结果。不讲这办法的一般施行,将在现社会状况下引起怎样的怠惰与罪恶,将怎样减少土地的生产物及奢侈品的劳作罢,我还可以举出别的理由来反对。

我们已经说明了,按照人口的原理,常在贫乏中的人,必较多于给养充分的人。富人的剩余,若足供三人,而望得一份的,却有四人,则在四者中,他需选择三人。在这选择中,他的恩惠,必成为偏惠。受恩惠的,必自认对彼负有义务,须赖他支持,富者将感到自身的权力,贫者将感到自己需依赖他人;这两种印象,对于人心的恶影响,是大家知道的。葛德文所指摘的劳动过度的弊害,我十分同意;但依赖,比这还更有害,更可恶化人类精神。我们读过的一切人类史,又都强力地表明了,以永久权力委于精神,精神将因以陷于危险。

在现状下,尤其当劳动有人需要时,我对于为我劳动一日的人尽了义务,他对我亦尽了同样大的义务。我有他所欲的,他亦有我所欲的。我和他行一种公平的交换。贫民昂然阔步,自觉其独立,雇主的精神,亦不为一种权力之感所害。

300年或400年之前,就人口比例而言,英吉利的劳动,无疑遥较今日为少,依赖却遥较今日为多。设无制造业发生,使贫民们,有某种物品可以交换大地主的食物,而徒倚赖他的补助

[①] 葛德文似极少注意到实际的原理。但据我看,人类的恩人,不仅要指摘社会现状的丑恶和其他一种状态的美,且需指示一个实际的——由此状态到彼状态的进步,可立即因此而加速——的方法。设不能如此,我觉得,反不如指出怎样一个较低的善,可以达成。因为这会更有利于人类。

第 十 五 章

金,我们今日也许不能享受这样大程度的公民自由罢。商业制造业的最大敌人——我自己并不是商业制造业的最热心的朋友——亦须承认,当商业制造业在英吉利发生时,自由跟着就在英吉利发生了。

博爱原理的价值,是无可轻视的,我亦不曾说一句话,稍稍予以轻视。这是人心中最高贵最神圣的性质,也许是逐渐的慢慢的由自爱心生出,厥后,才作为一种一般法则,执行其仁慈职务,以缓和偏颇的丑情,以矫正粗暴,以荡平它的根源的污点。这似乎是一切自然之类比。也许,没有一个一般自然法则,不会生出部分的恶,至少在我们看是如此。但我们同时又看见有某种仁慈的规约,当作别一种一般法则,来矫正前一种法则的不平等。

仁爱心的本来职务,即缓和自爱心所引起的部分的恶。但仁爱心决不能代替自爱心,未充分决定所要行之行为,是否最有利于一般幸福以前,设不许有任何行为,则最开明的精神,将在混乱与惊愕之中踌躇,不开明的精神,且将不绝干犯最大的错误。

如何农业上的必需劳动,始可公平分配于全劳动阶级,葛德文未立下任何实际的原则;他笼笼统统的嘲笑人们使役劳动,想通过现在许多的恶,以追求一个不能达成的善。借口将增加对于贫民的压力,竟视使役贫民,是与贫民为敌,并因此赞成守财虏,而反对以其收入支出的人,结果将会怎样呢?——以其收入支出的人,概将为社会利益,而成为守财虏了。今日有10万人,各雇10人,设此10万人均锁闭其财富,不投入一般用途,此100万工人,岂不显明要完全失业?社会不将因此引起更大的贫穷?这,恐怕葛德文自己亦不易否认。要证明锁闭财富,比较以其收入支出,更能"置人类于其应置之状态,"在我看,似乎是很不容易的。

但葛德文又说,守财虏实际不曾锁闭任何物。问题尚未有正当的理解。我们对于财富的性质,须有正确的阐明与定义。

人 口 论

设给财富以极正当的定义说：财富是人类劳动所生产所育成的商品，则守财虏既未锁闭谷物，锁闭牛，锁闭衣服，亦未锁闭房屋。无疑，他不曾实际锁闭这些物品，但他锁闭了生产这些物品的能力。这其实是一样的。就令他像是一个乞丐，这些物品亦会一样真实一样大量的，为他同时的人所使用所消费不过，假令他用他的财富开发更多的土地，繁殖更多的牛，雇用更多的裁缝师，建筑更多的房屋，他同时人所消费所使用的物品额，却一定会更大。但我们且暂假设守财虏的行为，不会妨碍任何实际有用品的生产罢，请问，失业的人们，将如何获得特许证，从社会所生产的食物衣物中，取得适当的一份呢。这乃是一个不能克服的困难。

葛德文说世界上的劳动，比较实际必要的劳动，更多得多。又说，如果社会下层阶级，协定每日不劳作六点钟或七点钟以上，人类幸福所必要的商品的生产，仍可像现在一样丰饶。葛德文这种意见，我是十分愿意让步的。但劳动者间要维持这种协定，殆是不可能的。根据人口的原理，有些人就必然要比别一些人，更为贫乏。有大家庭的，自然愿意多用两点钟劳动，来交换更大量的生活资料。这种交换，如何可以防止呢？企图由一种积极的制度，来干涉一个人对其自身劳动的支配权，乃侵犯人类所有的第一种最神圣的财产。

所以，在葛德文未定立任何实际的计划，使社会必要劳动得平均分配以前，他对劳动的讥嘲，不惹起注意则已，如果惹起了注意，结果就必然会增加现在的恶，并不能使我们近向平等的状况——他认此为北斗星，以为现在，在决定人类行为之性质与倾向时，应以此为向导。一个航海家，以这样一个北斗星为向导，一定有船破的危险。

一般的说，用财富改良土地，使农业家栽培入不敷出的土地成为生产的，在各种可能的财富用法中，也许是最有利于国家，最有利于下层阶级的。如果葛德文以其有力的笔，描写雇用贫民改良土地，比较雇用贫民生产奢侈品，是更有价值更有效用，

第 十 五 章

一切开明的人，必均赞扬他的努力。农业劳动需要的增加，常有改善贫民境况的倾向；如果工作的增加是属于这一类，则贫民不得不工作十小时，但所得价格和先前工作八小时一样的话，决非真理。事实恰与此相反。先前需工作八小时的劳动者，现在工作六小时，已可同样维持其妻儿。

奢侈品所引起的劳动，虽于农村生产物的分配上有用，虽不致以权力腐化有产者，以依赖心腐化劳动者，但对于贫民状况，不会有同样有利的影响。制造业所增加的工作，比农业劳动的追加需要，虽更有提高劳动价格的作用；但在这场合，一国的食品量，可不发生比例的增加，贫民所得的利益，遂只是暂时的，食品的价格，必按劳动价格的比例，腾贵起来。关于这问题，我不禁要对于亚当·斯密博士国富论的一部分，加上两三个注释。同时，当我的言论，不和这位在政治界应负盛名的人的意见一致的时候，我是不胜惶惑。我应该有这样的感觉。

20 世纪初明信片上的赫德福德城堡

第十六章

Chapter Sixteen

> 亚当·斯密博士认为社会收入或资财的一切增加,都是维持劳动的基金的增加,也许是错误的——财富增加不能改善劳动贫民境况的例——英吉利财富增加了,但维持劳动的基金,没有比例的增加——中国贫民的状况,虽有制造业使财富增加,亦不会改善。

第 十 六 章

亚当·斯密博士研究所揭示的对象，是国民之富的性质与原因。但还有一种研究，也许更有趣味，即研究那种种有影响于国民幸福或社会下层阶级（各国都以这阶级占最大多数）幸福的原因。他屡屡把这二种研究，混而为一。我亦充分承认，这两问题的关系密切，就一般说，增加国富的原因，亦有增加下层阶级人民幸福的趋势。但亚当斯密博士也许把这两种研究的关系，看得过于密切了；至少，他没有停下来，注意社会财富（按照他的财富界说）增加不曾增进劳动阶级幸福的例。何物构成人类真正幸福的问题，我并不要作一种哲学的研究；我只要讨究两个为一般所承认的分子，即，健康与生活必需品方便品的支配权。

劳动贫民的安乐，取决于维持劳动的基金的增加，且与其增加速度极准确的保持比例。这是很少疑问，甚至没有疑问的。这种增加所惹起的劳动需要，因将在市场上引起竞争，必致于提高劳动的价值。在必要的追加工人数未曾扶育起来以前，基金增加了，而分享此基金的人数却依旧，因此，每劳动者的生活，均将比较安乐。但亚当斯密博士认为社会收入或资财的一切增加，都是这种基金的增加，却也许是错误的。这剩余资财或剩余收入，就占有这剩余的个人说，固常被认为追加的基金，可用以维持更多的劳动；但这不一定会成为真实有效的维持追加数劳动者的基金，除非社会收入或资财的增加额的一部分，得转化为比例的食物量；如果这增加仅由于劳动生产物，不由于土地生产物，这转化便是不可能的。社会资财所能雇用的工人数，和社会

◀ 亚当·斯密（Adam Smith，1725—1790）。英国古典经济学创始人之一。他在经济和人口方面都比较乐观。认为对工资水平的限制不是来自人口或劳动力的增长，而是工资基金水平。人口和生活资料之间固然要维持一定比例，但土地改良和耕作足以生产供给全社会的食物。马尔萨斯被称为亚当·斯密的学生，因为他预见了人口过剩，而马尔萨斯则发展了他的这一观点。

人 口 论

领土所能维持的工人数,在这场合,显有区别。

且举一例,以明吾说。亚当斯密博士曾谓,一国财富,由其国土地及劳动的年产物构成。这定义,显然包括了制造品及土地生产物。现今假设有一国家,一年一年的,以其年收入之节省部分,单单加入制造业资本中,毫不投在土地上,则按上述定义,这国更富了,但没有能力支持更多数的劳动者,从而,维持劳动的真实基金,亦不增加。但对劳动的需要,仍将存在,因各制造家现有或自认已有力量,来扩充营业资本或添营新业。这需要自然会提高劳动价格;但若该国生活必要品年年的贮蓄不增加,这提高马上就会徒有其名,因生活必要品的价格,必随着腾贵。对制造业劳动的需要,且将诱惑许多农业劳动者,从而减少土地年产物。但我们又假设农业器具的改良,可补偿这种影响,从而假设生活必要品的数量得保持不变罢。制造业的机械,自然会改良;因此,雇用在制造业上的工人数既已加大,制造业的机械又改良了,那一定会使国内的劳动年产物总量,大为增加。按照定义,国富就可年年增加了,也许还不会增加得太慢。

问题是,依这方法增加的财富,有没有任何趋势。可以改善劳动贫民的境况。在生活品贮积依旧的场合,劳动价格的一般提高,只能有名义上的提高,因生活品马上会跟着发生比例的腾贵。这命题,乃是一个自明的命题。我们所假设的劳动价格的增加,结果不会,或几乎不会有这样的结果,即给劳动贫民以更大的对生活必需品方便品的支配权。就这点说,他们现在的境遇,必几乎和从前一样。劳动贫民,将有更大的比例,被雇于制造业;被雇于农业上的劳动贫民,将减少。这种职业的转换,我想,大家会承认,是极不利于健康的。而健康即是幸福之本质的成分。此外,制造业的劳动,又因个人嗜好易变,战争勃发,及其他诸种原因,而更不安定。

或谓,我所设想的事例,必不能发生,因生活品价格的提高,马上会使若干追加资本,改流入农业方面。但这件事,是发生得极迟缓的。劳动价格腾贵在生活品腾贵之先,土地生产物价值

第 十 六 章

增加，对于农业非此即可引起的良好影响，遂因而受到妨碍了。

或又谓，国家的资本增加了，必能为其资财所能雇用的人数，输入充分的生活品。像荷兰那样的小国，有大海军，大内地交通机关，即可输入适当量的生活品，而分配之；但生活品的价格必定会很高，致使诸大国在这样输入这样分配的时候，处在更不利的地位。

以上是我的假设。恰好和这相同例，也许永不会发生；但我相信，与这近似的例，要发现，并不怎样艰难。我觉得，十分觉得，革命以来的英吉利，对于这议论，就提供了一个极显著的说明。

我国的国内商业与国外商业，在前世纪间，确曾有迅速的进步。我国土地劳动年产物在欧洲市场上的交换价值，无疑会大大增加。但一加检查，就知道，增加了的，主要是劳动生产物，不是土地生产物。因此，国富虽以速步前进，维持劳动的有效基金，却增加极为迟缓。结果如何，可以预料。国富的增加，很少或者没有改善劳动贫民境况的趋势。我相信，劳动贫民，对于生活必需品方便品的支配权，并未加大。比较革命时期，现在劳动贫民，已有更大得多的比例，被雇在制造业，而麇集于密集的不卫生的场所。

蒲勒士博士曾说，英吉利的人口，自革命以来，已经减少。如果这话是可以相信的，维持劳动的有效基金，财富似乎就在制造业进步的时候，减少了。因为我认为，维持劳动的有效基金增加，换言之，如果土地和资财一样可以雇用更追加的劳动者，那就令有蒲勒士博士所举示的诸次战争，这追加人数亦马上会生育出来。这，很可说是一个公律。所以，如果一国人口在停止或减少，我们就可安然推出如下的结论：制造业的财富无论怎样增进，维持劳动的有效基金，总是不能增加的。

不过，英吉利自革命以来人口并不见得已经减少，虽然各种证据，一致证明了它即有增加，增加亦很迟缓。但在这问题所惹起的论争中，蒲勒士博士比较他的反对派，无疑更充分了解了问题，无疑有更正确的知识。单从这争论判断，我以为，我们应当说，蒲勒士博士的见解，比霍勒特的见解，更近于真理。真理也许在这二种主张之间。我们认为，自革命以来，人口的增加，与财富的增加比较，是极迟缓的。

　　说前世纪土地生产物在减少或绝对停止，那是任何人亦不会相信的。公有地及荒芜地的圈围，确有增加国内食物的倾向。但事实却是公有地的圈围，屡屡得到相反的结果，从前生产大量谷物的大块土地，一旦改为牧场，则所雇用的手，必比圈地以前更少，所养活的口亦比以前更少。同样一块土地，自然丰度相等，牧畜就比种谷所能生产的人类生活资料，更为小量。这是一个公认的真理。如果因为最上等屠肉的需要增加，其价格随着增加，每年确乎有更大量的良地改用来牧畜，人类生活资料亦就会因而减少。荒芜地的圈围，农业的一般改良，固曾提供利益，但生活资料的减少，可以把这种利益抵消。

　　现在屠肉价格高昂，非肇因于现在屠肉稀少，从前屠肉价格低廉，非肇因于彼时屠肉丰饶，这是无待多说的。屠肉价格所以今昔悬殊者，乃因今昔牲畜上市所必要的费用悬殊。一百年前我国的家畜，也许较今日为多；但今日上市的最上品的屠肉，却无疑比前此任何时期遥较为多。当屠肉价格极低廉时，家畜主要在荒地上饲养，除了在若干大市场上，其屠杀，多不待其肥壮。今日远郡以如此低价出售的小牛肉，和今日伦敦所购的小牛肉，除了名称相似以外，别无相似之点。照从前的屠肉价格，要在可耕的土地上饲养家畜，已经不大够，要在可耕的土地上繁殖家畜，一定是不够的。但照今日的屠肉价格，却不仅够在最良耕地上肥育家畜，且够在优良种麦地上繁殖家畜。屠杀的时期不同，同数的家畜，甚至于同重量的家畜，将消费（如果许用这名称）极不等量的人类生活资料。肥育的动物，就某一点看，拿法兰西经济学者的用语来说，很可说是不生产的劳动者：他对于他所消费的原生产物的价值，未有任何增加。现在的牧畜方法，比从前的牧畜方法，无疑，更有减少——与土地一般丰度比例而言——国内生活资料量的趋势。

第 十 六 章

  我并非说，从前的制度，能够继续，或者应该继续。屠肉价格的提高，乃是耕作一般进步之自然的不可避免的结果；但我不禁想到，今日对最上品屠肉需要之大，每年用以生产屠肉的良地之多，今日供人娱乐的马匹之众，乃是今日我国食品量不能与土壤丰度的一般增进相并而进的主要原因；这诸方面习惯的改变，对于国内生活资料量，从而对于我国人口，无疑有极显著的影响。

  最沃地有许多用来牧畜了，农业器具改良了，大农地增加了，尤其是国内小农人数减少了，这种种一齐发生出来，证明了今日被雇在农业劳动上的人数，也许没有革命时代那样多。人口无论怎样增加，是不得不几乎以全部雇在制造业上。制造业因时髦变化——如以洋纱代替丝绢，以鞋带及盖扣代替金及金扣——而失败的事情，同业组合及教区法限制劳动市场的事情，曾频频的驱无数人，使仰赖于慈善机关，这是大家知道的。救贫税率的大增加，本身就极有力的证明了，贫民对于生活必需品方便品的支配权，没有加大。劳动贫民的境况，就这方面说，与其说改善了，不如说是堕落了。设在这情形下，我们再考察如下的事情——即，有大部分的劳动贫民，被雇在大制造厂内，而大制造厂，在健康及道德两方面都有妨害——我们必须承认，近年财富的增加，并没有增加劳动贫民幸福的趋势。

  一国资财或收入的增加，不能认为是维持劳动的真实基金的增加，从而对于贫民境遇，亦不能有同样好的结果：这一种议论，如应用到中国来，还更明了。

  亚当斯密博士说，中国也许老早已经富裕到该国法律及制度所许到的程度，但若法律及制度改变，外国贸易被尊重，她就仍然可以有更大得多的富。问题是，富的这种增加，是维持劳动的真实基金的增加吗，将使中国下层阶级人民生活在更丰裕的状态中吗？

  如果中国大大尊重商业及外国贸易，则因该国劳动人数众多，劳动低廉，她会制造大量制造品，以贩售于外国，那是很明白的。其生活必要品既已有莫大的分量，其国内领土又已有惊人的面积，所以，为报答其输出而输入来的分量，对于该国生活资料年年的贮积，将不能有何等显著可见的增加，这是同样明白的。她的大量制造品，输往世界各地，主要是交换各地的奢侈品。所以，食品生产事业，似不会省下任何劳动。与资财所能使役的人数比例言，该国人烟亦太稠密了；劳动是如此丰够的，没有人会耐苦去缩减劳动。这样，结果也许是尽土地之所能，发生最大量的食品生产：盖因缩减劳动，虽使农业家能以较廉价携一定量谷物到市场上，但与其说会增加总生产量，尚无宁说有减少它的倾向；从而在农业上，就某几点说，缩减劳动，与其说是公利益，尚无宁说是私利益。中国如要制造大量制造品贩售于外国，非从农业取去许多劳动者不可，事态遂于以改变，从而在相当程度上减少农村的生产物。制造业工人的需要，自然会提高劳动的价格；但生活资料量既不增加，生活资料的价格必与之相并而进；如果生活资料量实际已经减少，其价格的提高，且将超而过之。国富显已增加；其土地与劳动的年产物的交换价值，每年会增加；但维持劳动的真实基金，将停止，甚至减少；从而，增加的国富，与其说会改善贫民状况，尚无宁说有抑下贫民状况的倾向。就对生活必要品方便品的支配权说，他们所处的境遇，与前相等，或竟较前为劣。而有大部分贫民，反不得不以卫生的农业劳动，交换不卫生的制造业劳动。

上述议论，适用到中国，所以会更明白的，是因为大家知道，中国的财富，已停滞许久。如所考察的是其他国家，则相较二时期，究以何时期财富的增加最速，往往难有定论。据亚当斯密博士说，贫民状况是取决于该时期财富增加的速度的。不过，就土地及劳动的年产物的交换价值说，两国财富的增加，即令有恰好相等的速度，但若一国主要经营农业，一国主要经营商业，则维持劳动的基金，从而财富增加在各国的影响，仍可以极不相同。在主要经营农业的国家，贫民将度较丰裕的生活，从而人口增加迅速。在主要经营商业的国家，贫民比较仅能受少许利益，从而人口增加迟缓。

第十七章

· Chapter Seventeen ·

> 什么是一国财富之适当的定义——法兰西经济学者认一切制造业者为不生产劳动者,他们的理由,不是真的理由——工匠及制造业者的劳动,对国家虽然是不生产的,对个人却充分是生产的——蒲勒士博士二卷观察中一段可注意的话——蒲勒士博士以美洲的幸福及人口增加迅速,主要归因于其特殊文明状态,乃是谬误——闭起眼来不看社会改良途中的困难,不能希望生出何等利益。

OBSERVATIONS

ON THE NATURE OF

CIVIL LIBERTY,

THE PRINCIPLES OF

GOVERNMENT,

AND THE

JUSTICE AND POLICY

OF THE

WAR WITH AMERICA.

To which is added

AN APPENDIX,

Containing a STATE of the NATIONAL DEBT, an Estimate of the Money drawn from the Public by the Taxes, and an Account of the National Income and Expenditure since the last War.

Quis furor iste novus? quo nunc, quo tenditis —
Heu! miseri cives? non Hostem, inimicaque castra,
—— Vestras Spes uritis. VIRG.

By RICHARD PRICE, D.D. F.R.S.

THE THIRD EDITION.

LONDON:
Printed for T. CADELL, in the STRAND.
M.DCC.LXXVI.

第 十 七 章

有一问题,自然会在这里发生。土地及劳动年产物的交换价值,是不是一国财富之适当的定义。或照法兰西经济学者所说,土地总生产物,是不是它的更正确的定义。如果是的,则按照经济学者的定义,每一种财富增加,都会成为维持劳动基金的增加,从而,都有改善劳动贫民境况的趋势;虽然按照亚当斯密博士的定义,财富的增加,并不一定有同样的趋势。不过我们不能就这一点,说亚当斯密的定义不当。不认人民全体的衣服住屋为收入的部分,从许多方面说,都是不得当的。其中有大部分,与国内食品比较,价值是极轻微极不重要的;但仍当认为是国家收入的一部分;所以,我与亚当斯密唯一的不同点,是他认社会收入或资财的增加,都是维持劳动基金的增加,往往有改善贫民境遇的趋势。

富国的细丝,棉布,花边,其他装饰的奢侈品,可以大大增加该国年产物的交换价值;但不过稍稍可以增加社会幸福的总量;在我看,就因为我们留意了生产物的真实效用,所以我们应该评定不同种劳动的生产性或不生产性。法兰西经济学者,认制造业上雇用的劳动,都是不生产的。设以这种劳动,比较于土地上使役的劳动,我应该十分和他们表示同意;但我的理由,并不恰好是他们所举的理由。他们说,土地上使役的劳动所以是生产的,乃因其生产物,在完完全全支付劳动者与农业家之后,尚能提供一种纯净的地租于地主;而制造花边的劳动所以是不生产的,乃因其生产物,仅仅补偿了工人所消费的生活品及雇主的资财,不能提供任何纯净的地租。但就令制成的花边的价值,在完全支付劳动者及雇主以后,尚能提供一个纯净的地租于第三人罢;在我看,与土地上使役的劳动比较,那依然是不生产的。按

◀ 蒲勒士作品扉页。其作品名称为《对国内自由和正义及对美战争政策的观察》(*Observations on Civil Liberty and the Justice and Policy of the War with America*)。

人 口 论

照法兰西经济学者的推理说,在这场合,雇在花边制造业上的工人,虽已可说是生产劳动者;不过,按照他们的国富的定义说,他却依然不是生产的。对于土地总生产物,他没有增加任何物:他消费了这总生产物的一部分,留下了一块花边作为报答;以这块花边出售,所换还的食品量,也许可三倍于他制造这花边时所消费的食品量,从而对于他自己,是一个极生产的劳动者;但他的劳动,不曾增加国富的任何本质部分,所以,要评判一种劳动对于国家究竟是生产的抑是不生产的,似不应以纯净的地租——有些生产物,在付清生产费以后,尚能提供纯净的地租——为唯一标准。

有 20 万人,今日均雇来生产制造品,以图满足少数富人的虚荣。设这 20 万人,悉雇用在不毛的未开发的土地上,他们所生产的食品量虽仅半于他们所消费的食品量,但比较以前,他们对于国家,仍然是更生产的劳动者;虽然他们的劳动,不仅不能提供任何地租于第三人,即获取生产物时他们所用去的生活必需品,他们亦只能补还半数。在他们从前的职业上,他们消费了国家一定部分的食物,留下一些丝绢花边,作为报答。在他们此后的职业上,他们消费了同量食物,但留下了 10 万人的生活必需品,作为报答。这两种遗赠,究以何者最于国家有真实利益,我想,是没有什么疑问的。我们承认,与其用财富维持 20 万人,使生产丝绢花边,就不如用它维持他们,使他们生产追加量的食品为有利。

投在土地上的资本,对于投资的个人,可以是不生产的,但对于社会,却可以是极生产的。反之,投在商业上的资本,对于个人可以是极生产的,但对于社会却可以几乎全然是不生产的。这就是我称制造业劳动(与农业劳动比较而言)为不生产劳动的理由,与法兰西经济学者所举示的理由不同。试一看商业所致的大财产,商人所度的宽裕生活,我们必不能同意于法兰西经济学者的主张,即制造家只能褫夺自身生活所赖的基金,以致于富。在许多门贸易上,利润是如此大,简直可以对第三人提供一

第十七章

种纯地租；但因无这第三人存在，利润全部方集中到制造厂主或商人身上，用不着多大的节制，他就已经有很好的发财机会；所以我们看见，由经营商业而拥有大财产的人，并不以节俭著称。

日常经验证明了，雇用在商业制造业上的劳动对于个人是十分生产的；但对于国家，却没有同程度的生产性。一国食物的增加，对于全社会，有直接的利益；但由商业而得的财产，仅在极远漠不定的方法下，倾向于同一目的，而就某几点说，尚还有相反的倾向。消费品的国内贸易，是各国最重要的贸易。中国是世界上最富的国家，即无任何其他的商业。暂时把外国贸易搁开不说罢，对于国家更有利益的，就显然不是有巧妙制造术而在生活必要品的原蓄财中获取双份的人，乃是以自身劳动而增加一份生活必要品于原蓄财中的人。可消费的商品如丝绢花边装饰品及昂贵家具，无疑是社会收入的一部分；但那只是富人的收入，不是社会一般的收入。国家收入这一部分的增加，与食物（那是人民大众的主要收入）的增加相比较，不能说有同样的重要。

照亚当斯密的定义，（不照法兰西经济学者的定义，）外国贸易有所增于一国的财富。外国贸易的主要利益及其所以被人一般如此尊重的理由，是它大大增加了国家对外的权力，换言之，大大增加了本国对于外国劳动的支配权。但近切的考验一下，便会知道，外国贸易不大能够增加国内维持劳动的基金，从而，不大能够增加社会最大部分人的幸福。在国家趋于富庶之自然的进步过程中，制造业及国外贸易，按照顺序，就须起在土壤已有高度的耕作以后。在欧洲，这自然的程序颠倒了。土壤之开发，乃由于制造业资本之过剩；制造业之兴起，非由于农业资本之过剩。今日欧洲所以有这多土地依然未曾开发，也许是因为欧洲对于都市产业更为奖励，而工匠的劳动，比农业上使役的劳动，有更高的价格。设欧洲所采政策不同于此，欧洲的人口，无疑会较今日为众多，但不致为了人口增加而更加麻烦。

人 口 论

由人口增加而起的困难,是一个奇怪的问题,这问题,在我看,是值得精密研究,竭力讨论的,我的能力还嫌不够得很。但在未注意蒲勒士博士二卷"观察"中一段异常的话以前,我是不能把这问题搁起来的。蒲勒士博士关于都市及农村人们寿命的盖然性,在举示若干表格以后,说:"根据这种比较称大都市为人类墓场,亦似含有真理的成分甚多。曾考察此问题的人,定然相信按照前卷第四论中的观察,认疾病为自然之固有的意图,决非至当。无疑,疾病大都是我们自己创造出来的。设有一国其居民完全过自然的有德的生活,则不享天年全部而死亡者必定少数;痛苦与不快,他们是不知道的,除了渐次的不可避免的衰老,再没有别的死的原因,所以死会像睡眠一样来到他们头上"。[①]

我承认,根据蒲勒士博士二卷"观察"所举示的事实,我必须推出一个极相反对的结论。我知道,人口与食物,乃以不同的比率增加。我心中曾浮起一种漠然的意见:此二者要保持平衡,只有藉由某种贫穷或罪恶。后来精读蒲勒士二卷"观察",便确信这种意见了。他举出了许多事实,证明在无妨碍的场合,人口增加的速率异常大;他还提示了许多证据,说明一般自然法则压制过剩人口的方法。为什么,他会写出上述那一段话来,我是完全不懂得的。他极力赞成早婚,他认此为民俗放纵的最好的预防法。他不像葛德文那样幻想两性间情欲的消灭,又不像孔多塞那样考虑回避困难的方法。他屡屡说,要留余地给自然的多产性活动。但有此等观察的他,何以能避免这明白的必然的推论——无妨碍的人口增加,将无可比拟的更为迅速,以致土地虽依指导最良的人类努力,亦不能生产食物来供给他们——在我,是很觉惊奇的。此而可免,则欧克利最明白的命题的结论,亦可否认。

提到文明国家的各个阶段,蒲勒士博士说:"最初的单纯的

[①] 第二卷 第243页。

第 十 七 章

文明阶段,最有益于人类的增加与幸福。"他旋举美洲殖民地为例,认此为最初的最幸福的国家,并以为,那很显著地证明了文明各阶段对于人口的影响。他似乎不知道,美洲人的幸福,依存于其特殊文明程度者较少,依存于其地位特殊(一个新殖民地)及未耕丰地夥多者较多。二三百年前,挪威、丹麦、瑞典、我国,有些地方,文明程度,就和美洲的文明程度几乎相等,但幸福不一样,人口增加率亦不一样。他引用亨利八世一种法令以后,即慨叹耕作衰颓及生活必要品价格提高,说:"于是,有许多人不能维持其自身及家族了。"美洲盛行的最高度的公民自由,对于产业,幸福,及人口的进步,无疑有其贡献;但公民自由,无论大到什么程度,亦不能创造新土地。美洲人现在,比他们隶属于英吉利时,还更享有公民自由,还更是一个独立人民,但我可以十分断言,那里人口不能长此继续以同一速率增加。

知道20年前美洲下等阶级人民的幸福状态的,自然愿意他们永远留在这状态中;他们也许会想,预防制造品奢侈品发生,就可以达到这目的。如果这种期望是合理的,则女人不晒太阳不露空气即可不老的期望,亦是合理的了。统治良好的新殖民地的地位,是任何努力所不能长保的青春少年。有许多方法可以加速或延迟政治体及动物体的衰老;但要使政治体及动物体永远年少,却无论如何,亦不能有成功的机会。奖励都市产业甚于农村产业的政策,或曾使欧洲早熟的达到老境。就这方面说,不同的政策,或可以把新鲜的生命与活力灌入此等国家。因有长男承继法及其他习俗,欧洲的土地竟持有一种独占价格,以致以资本投于土地,对于个人不能有多大利益,从而,土地亦不能得到适度的耕作。在一切文明国内,虽必定有有产阶级与劳动阶级,但财产近于平等,常常可以生出一种固定的利益。有产阶级的人数愈多,劳动阶级的人数必愈少;社会上将有较大部分人,处在有产的幸福状态中,较小部分人,处在除了劳动就没有其他财产的不幸福状态中。不过,指导最良的努力,亦只能减轻,不能铲除贫乏的压迫;试一考虑人类在世间的真正地位与自

人 口 论

然的一般法则,就知道,任何最善的努力,亦不能使人类"不享天年全部而死亡者,必定少数;痛苦与不快,他们是不知道的;除了渐次的不可避免的衰老,再没有别的死的原因,所以死像睡眠一样来到他们头上。"

　　试一反省社会大改良途中的大障碍,竟不能克制,当然令人寒心。人类超越生活资料而繁殖的永久倾向,乃是生物界自然的一般法则,我们没有理由可以希望其发生变化。不过,这种困难的反省,虽不免使努力改善人类的人寒心,但把这种困难轻轻看过,或置而不谈,亦不见得有甚好处。反之,因真理使人不悦而不敢问真理的怯懦行为,还可引出非常有害的错误。除了与这大障碍有关系的一切,尚有许多关于人类的事情,待我们去做,并刺激我们,使我们不断去努力。但若我们做的时候,对于我们前面的困难的性质,范围,大小,既无彻底的知识,又无正确的理解,又若我们的努力,受一种不贤明的指导,趋向无成功希望的目标,那我们就不仅会在无结果的努力上,用尽我们的力量,始终和我们所望的顶点相去甚远,且将在西细法斯礁石的反冲下,永远的被粉碎。

第十八章

• *Chapter Eighteen* •

> 人口原理所引出的困难，施人类以不断的压迫，从而使我们希望来世——神预知的观念，与试练的状态不相容——此世界，也许是唤醒物质成为精神的伟大过程——精神成立的理论——肉体的欲求及从此发生的刺激——一般法则的作用及从此发生的刺激——人口原理所引出的生活困难及从此发生的刺激。

第 十 八 章

　　生活困难的困穷，不断的压迫人类。这考虑所引出的人生观，表明了在这世间，要合理的主张人类完成可能性，是毫无希望的，从而使人强烈的希望于来世。前面，我们曾经检验几种自然法则，根据这诸种自然法则的作用，人必须受种种诱惑。这种种诱惑，又似将按照通常一般的观察，把这世界说明得像是一种试练的状态，是一间道德的学校，是幸福最高状态的准备所。但我希望，如果关于人类在这世间的地位，我所提出的见解，略略与此不同，但与我们周围各种自然现象更相调和，与神力神善及神预知的观念更相一致，或亦能得人谅解。

　　如果我们对于我们自己的悟性，适度的不敢自信，对于我们所见一切事物的理由，又适度的自知不能充分理解；如果我们竭诚欢迎一切光明射来，当无光明时，自认黑暗在自身，不在身外；如果我们情愿谦逊的屈服在最高智慧——"他的思想，在我们的思想之上，有如天远在地之上——"之前，则努力"辩护神向于人之路"，亦不能说是人类精神的滥用。

　　在我们的脆弱的"发现完全的神"的企图中，绝对必要的，是我们应由自然推论到自然的神，不要从神推论到自然。设我们对于某些事物，只问其何故不会不如此，而不说明其如此，我们决不会知所止；我们将陷入最巨大最儿戏的悖理中；关于神的路的知识，必不能再有进步；其研究，将不复为人类精神的有益的运用。无限的力，是一个这样广泛这样难解的观念，其思考，必致于迷惑人类的精神。关于神的这种属性，我们有时候会形成一

◀ 洛克(John Locke，1632—1704)。英国哲学家、经验主义的开创人，同时也是第一个全面阐述宪政民主思想的人，在哲学以及政治领域都有重要影响。认为凡是给个人带来快乐和幸福的行为就是善，反之，凡是给人带来痛苦和不幸的行为就是恶。可是，人类本性是耽嗜眼前的肤体之乐，而不考虑长远的快乐和幸福。这是一个绅士所必须戒除的。马尔萨斯在自己的著作中引用他的观点作为自己的论据。

人 口 论

种粗杂的幼稚的概念。有这种概念的我们，往往会想象神能创造无数无数存在物，均得免除痛苦与缺陷，而有卓绝的善与智慧，能享受最高的快乐，并且像无限空间的点一样，有不可数的数。但若我们抛弃此等空虚的夸大的空想之梦，转眼来读自然之书——我们只能在这里知道神为何物——我们就看见了有情的万物，是不绝由许多物质的污点，经过长远（有时候）痛苦的过程，在这世界，继续生起。而在此过程未曾终了以前，它们会有许多，达成高尚的性质与能力，表明它们适于某种优越状态。我们不应该根据我们实际看见的一切物的思考，纠正我们关于无限力的粗杂幼稚的概念么？除开被创造物，我们能判断创造者么？如果我们愿牺牲神的善以提高神的力，就不必讲了，不然，我们不应该说，大创造者虽然是万能的，但要使创造物具有高尚的精神性质，以适合高尚目的，仍须经历一定的过程，一定的时间（至少在我们看是时间）么？

说到试练的状态，我们就会想到一个前已形成的存在，既与人类幼时的外观不一致，其为物，又怀疑先知，缺乏先知，与我们所愿怀抱的最高存在物的观念相矛盾。所以像前面一个注解所写的一样，我是情愿把这世界，这人生，看做是神的伟大过程，其目的不在于试练，而在于精神之创造与形成。这过程是必要的，如果要唤醒微力的浑沌的物质成为精神，要升华地上的尘埃成为灵魂；要由黏土块抽出天上的闪光。对于这问题果作如是观，人间在生活上所受的各种印象与刺激，就可说是创造者创造万物的手。这个手的活动，当然要按照一般法则，并由神性之生的接触，而唤醒迟钝的存在物，使其有最高享受的能力。而人间的原始罪恶，即是混沌物质——人，可说是从此生出的——之麻木与腐败。

精神是与物质不同的实体呢，抑仅仅是物质的更精细的形式呢？这问题的讨论，是没有好处的。这问题，也许结局只是名词的争执。精神无论是由物质形成或由其他实体形成，本质上总是精神。我们根据经验，知道灵魂与肉体的关联，是极为密切

第 十 八 章

的。一切现象都表明了，二者是从幼稚时候相并发育起来的。设想每孩童均有完全圆满的精神，但在人生前二十年间，其作用会由肉体（包藏精神的肉体）的薄弱迟钝，而走入邪途，或受到妨碍，仅仅含有极少的盖然性。我们既然赞成神是精神的创造者又是肉体的创造者，而精神与肉体又似在同时形成其自身展开其自身，则神不断烦心从物质造出精神而人间在生活上受各种印象的目的亦在于此的假设，如不与自然现象相矛盾，亦就不与理性或天启相矛盾。这事实确乎和神的最高属性相称。

关于精神的性质，我们的经验很少，如果根据这仅少的经验来判断，在研究之下，我们周围的一切现象，一切人事，都特别有促进这大目的的作用，而我们又能用我们自己的狭隘的悟性，在这假设上，说明生活上许多缺陷和不平等——不平家，屡屡以此为口实，而向自然的神鸣不平——则对于人类在此世间的状态，作如是观，亦似有其盖然性。

第一个唤醒精神的似乎就是肉体的欲求。① 婴孩脑髓所以能放出有情的活动的，即以肉体欲求为第一个刺激。幼儿的脑髓，似乎即是迟钝的原始物质，倘非由一种特殊刺激，生出其他的同样有力的欲求，则此等刺激，就到后来，亦似乎还会是必要的——如果要继续它当初所唤醒的活动。未开化人，如果没有饥饿的要求或寒冷的压迫，使其兴奋，他或许会永远睡在树下不动；为避免此等痛苦而生的获取食物及建筑住屋的努力，就形成了推动了非此即将沉着不动的官能。经验告诉我们，人心是这样构造的。根据这一切，如果肉体欲求对努力的刺激，一旦从人类大众中除去，我们将会有更多的理由，设想他们会因刺激不足而沦为野蛮人，更没有理由，设想他们会因有闲暇而成为哲学家。自然提供自然生产物最丰饶的地方，其住民不见有最敏锐

---

① 我原来想详论这问题，作为这论文的第二篇。但有件特别事情，使我中断了许久，以致不得不把这计划放弃，至少，现在得把这计划放弃。所以，我现在对于这几个主要条件，只能举出一个大纲。这几个主要条件，对于我所提出的一般的假设，是可以用作佐证的。

的知力。必要是发明之母，这句话是很有真理的。人类精神的最高贵的努力，有些就为了满足肉体欲求的必要而发动。欲求，屡屡给诗人的想象以翼，指示历史家的流畅词藻，加甚哲学家研究的敏锐；固然，今日已有许多精神，因为受了知识的刺激，社会同情心的刺激而大大改良了，即令肉体的欲求全行除去，亦不致再流于怠惰；但要从人类大众，除去这种肉体刺激，那无疑会使一般人陷于无可救药的麻木中，把未来改善的萌芽，全行破坏。

依我所记忆的，洛克曾说，避免痛苦的努力，比快乐的追求，在生活上，更可刺激我们的活动；见到了某种特殊的快乐，在我们关于这快乐的思考，继续到那长久，以致没有这快乐，就会感到痛苦或不安以前，我们决不会兴奋起来，为获得这快乐而行动。避免恶，追求善，似为人类的大义务大事业：这世界，特别提供了机会，叫人不断去努力。精神的形成，由于这努力，而这努力，又由于这刺激。洛克的思想如此，如果他是正确的，如果我们有充分理由相信他是正确的，则要使人努力，就不能不有罪恶，而要创造精神，又显然不能不有努力。

维持生命，食物是必需的，这种必需，也许比任何其他的需要，肉体的或精神的，都引起了更大量的努力。最高存在物吩咐，在预备的劳动及技巧未曾大量投在土地表面以前，土地呀，你不应该生产大量的食物。就我们所能理解的说，种子及从此生出的草木，并无任何可资辨认的关联。最高存在者，无疑，为被创造者的利用，可不借任何称为种子的小片物质，亦可不借任何人类的补助劳动及照料，而生出各种植物。土地的耕作与芟除，种子的搜集与播散，当然不是为了帮助神的创造。此等过程，乃人生享乐的必要先决条件，要这样，人类才被刺激起来活动，人类精神才会成为理性。

要供给这一类最不间断的刺激，驱策人类十分耕作土地，以促进神的慈悲计划，神又吩咐，人口增加应比食物增加遥为迅速。这一般法则（如本论文前部所说，）无疑会引出许多部分的

第 十 八 章

恶害；但略一反省，我们也许就会欣慰，它是生出了更多的善。要使人努力，强烈的刺激似是必要的。而要指导此努力，形成推理力，则最高存在物的一举一动，又须绝对按照一般法则。推理力的基础即是自然法则不变或确定，换言之，我们得由同一原因，确实希望生出同一结果。在事物的通常进行中，如果神的手指是常常可以看见的，说得更正确一点，如果神屡屡改变他的目的，（因为，神的手指，在我们所见的每一草叶上，都实际可以看见）人的官能或竟会陷于一般的无可如何的麻木中。如果人们不能合理的希望，自己的努力，只要有良好的指导，即可成功，那吗，就连肉体需要，亦将不复能刺激人去努力了。自然法则的不变，是一个基础。那使农夫勤劳而有先见，使职工技巧而不辞劳瘁，使医家解剖家探求而熟练，使自然哲学家深深观察而继续研究。一切最伟大最高尚的理智上的努力，都应感谢这自然法则的不变。牛顿的不朽精神，亦应感谢这种不变。

　　自然法则不变的理由，就连对于我们的悟性，亦是明白而显著的；我们如果回过来讨论人口原理，认清楚倘非有必要为之驱策，人类本来就是懒惰，迟钝，什么事情亦不高兴做的，（按照我们的粗杂的幻想，谈论人类可以成为什么，确是最愚蠢的事）我们就可确实断言，倘人口增加力不优于生活资料增加力，这世界将无人类存在。这刺激很强烈的不断的对人类发生作用，驱策人类去耕作土地；如果耕作的进行，还是十分迟缓，我们就可安然断言，刺激如果少些，一定是不够的。甚至，在这不断刺激的作用下，未开化人亦有一个长时期，住在自然丰度最大的地方，然后才投身于牧畜与农耕。设若人口与食物以同一比率增加，人类也许永远不能冲出未开化状态。即令地上曾一度充满人口，一个亚历山大，一个恺撒，一个帖木儿，或一次流血革命，亦就可以无可救药的使人类稀疏，而破坏创造者的大计划。传染性的疫病之惨害，将随时可以感到；地震会使一个地带永无人烟。有了人口增加所按照的原理，由一般法则而起的局部恶害——人类的罪恶或自然的事变——才不致妨碍创造的最高目的。这

人 口 论

原理,使地球上的居民,常常与生活资料十分保持平衡,并常常当作一种有力的刺激,驱策人类去促进土地的耕作,从而使地球能够维持更多的人口。但这法则的作用与结果,如果要按合于最高存在物的意图,不引起局部的恶害却是不可能的。说人口原理会按照各国状况而改变,不仅与我们(关于自然法则)的一般经验相反对,且与我们的理性相矛盾。理性亦认识了,要形成理智,一般法则乃是绝对必要的。如果人口原理不按照各国状况而改变,则得勤劳为助,即可在少数年内,在肥沃地带使人口充塞的这原理,就明明白白,会在早已有人居住的国家,惹起困穷了。

但是,依人口法则而起的公认的困难,无论从哪一方面看,都与其说会妨害神的一般目的,无宁说会促进神的一般目的。这种困难,会刺激起普遍的努力,并使人们的处境和印象,有无穷的变异,一般而论,那是有利于精神发展的。固然,过大的或过小的刺激,换言之,过贫或过富,是同样有害于精神发展。最适于精神发展的,是社会的中层阶级。但希望全社会都成中等阶级,却反乎一切自然的类推。地球上最适宜于人类精神力与肉体力的地带,是温带;但全地球不能成为温带。世界既为唯一的太阳所温热所照耀,则按照物质的法则,就必然有某部分为永久的霜雪所冷,别部分为永久的热度所灼热。每一片横在地表上的物质,都有其上面与下面:不能一切分子均在中央。对于木材商,一株樫树的最有价部分,不是根,不是枝;但要长出人所需要的中间的干,根与枝都是绝对必要的。木材商决不能合理的希望樫树的生长,没有根与枝;当然哪,如果他能发现一种栽培方法,使营养料多行于干,少行于根与枝,他自然有权利,可自行努力,使这方法能一般应用。

同样,我们虽不能希望从社会排去富与贫,但若我们能发现一种政体,能使两极端的人数减少,中间的人数增多,我们自然有采纳这政体的义务。不过,根与枝的大大减少,既然会减弱树干液的活泼的循环,则在社会上,使这两极端的人数减少到一定

第 十 八 章

程度以上，亦未必就不会减少中间部分的活力，然这活力，却就是中层阶级智力最易发达的原因。设若社会上任何人都没有高升的希望，落魄的恐惧，设若勤劳没有报酬，怠惰没有惩罚，中层阶级必不能有今日的情状。关于这问题，我们的推理，所应主要考察的，是人类大众，不是个别的例。有许多精神，而且在这大众中，按照机会，亦应有许多精神，因受了特殊的刺激与激励，不需有狭隘的动机不绝发生作用，亦能继续去活动。但我们试一回想人类各种有用的发现，各种有价的著作，各种其他的值得颂扬的努力，我相信，我们将会发现，这等等，应归因于影响多数人的狭隘动机者多，应归因于影响少数人的广大动机者少。

闲暇，无疑于人类有大价值；但就本来的人类说，那与其说会常常生出善的果，尚无宁说会常常生出恶的果。我们屡屡发觉，天才之弟，更多于天才之兄；但平均的说，弟较于兄，并非天生有更大的感受性。如果当中有什么真实的差别，其差别亦只能从境遇上的差别发生。在一场合，一般绝对必须努力，必须活动，在别一场合，却可以随便。

日常的经验，证实了生活的困难，有助于天才的发生。男人为维持自身及家族所必须有的努力，常常唤醒非此即将永不觉醒的官能。大家知道，新的异常的处境，大都会创造一种适当的精神，和所遭遇的困难相奋斗。

干旱 马尔萨斯认为,自然灾害是抑制人口增长的因素之一。

1805年马尔萨斯开始任东印度学院历史和政治经济学教授。

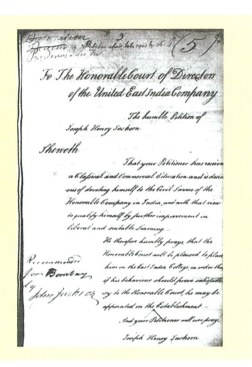

进入东印度学院工作的申请手续

黑利伯瑞学院（Haileybury College）其前身是东印度学院，马尔萨斯在这里工作直到去世。

威廉·埃姆普森（William Empson, 1791—1852）教授与马尔萨斯同事10年。

当东印度学院在建设中的时候,位于赫德福德(Hertford)的图德城堡(Thdor Castle)是临时办公地。

威斯比教堂 马尔萨斯在1803—1834年是威斯比(Walsby)的教区长。

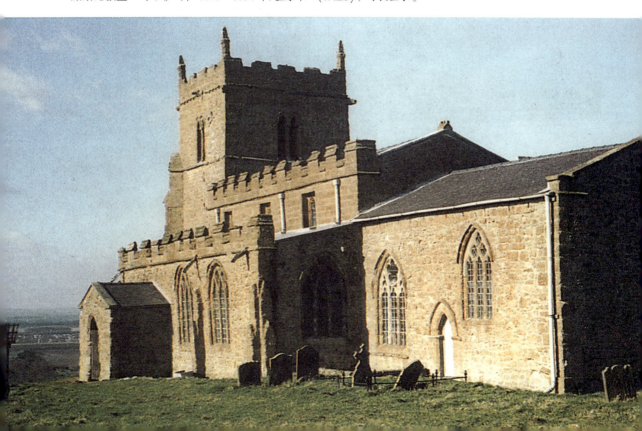

蒸汽机的改良和广泛使用是英国工业革命的标志性事件。随着工业革命的发展，机械化大生产日益深入，机器排挤工人，导致大批工人失业，加上连续的"圈地运动"使大批农民失去土地，无家可归。大批失去生活资料来源的人生活在贫困和罪恶中，显得"人口过剩"了。

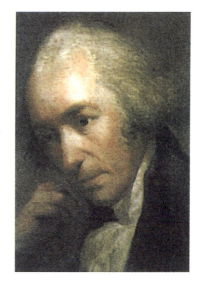

瓦特
（James Watt，1736—1819）

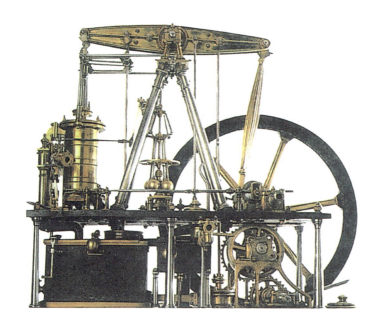

瓦特改良的旋转蒸汽机

蒸汽机的广泛使用

马尔萨斯认为，如果不受阻碍，人口增长是按照几何级数成倍增长，而资源和生活资料却只能按照算术级增长。因此，人口的增长必然超过资源和生活资料的增长。

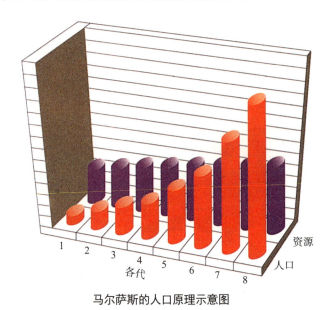

马尔萨斯的人口原理示意图

下面的这两幅图表明，中国和世界的人口呈"加速度"增长趋势。

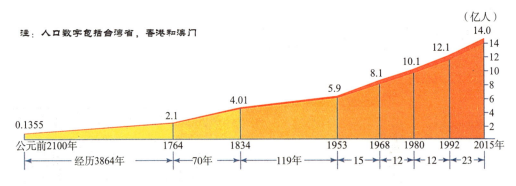

中国人口每增加2亿人大约经历的时间

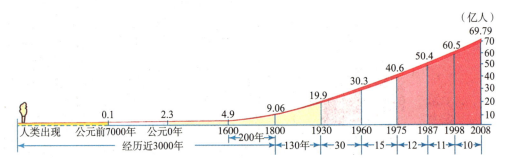

世界人口每增加10亿人大约经历的时间

资料来源：2004国际人口与发展论坛资料，来自新华网（http://www.hb.xinhua.org/zhuanti/2004—09/05content_2809577.htm）

马尔萨斯在《人口论》中讨论的问题不仅仅是一个人的问题,同时还是重要的经济问题和政治问题。马尔萨斯经济思想的影响不亚于他的人口思想的影响。

李嘉图
(David Ricardo,1772—1823)

马尔萨斯的亲密朋友、英国经济学家大卫·李嘉图受马尔萨斯的影响,提出了"工资钢铁定律"。

马克思
(Karl Marx,1818—1883)

"工资钢铁定律"为马克思所接受,成为他剩余价值学说的一个主要成分。

凯恩斯
(John Maynard Keynes,1883—1946)

凯恩斯提出的刺激有效需求以保证充分就业的思想与马尔萨斯需求原理有直接的脉承关系。

弗里德曼
(Milton Friedman,1912—2006)

现代货币主义的代表弗里德曼的"单一规则"在很大程度上受马尔萨斯稳定通货需求管理思想的影响。

1834年12月29日，马尔萨斯去探望自己在巴斯（Bath）的岳父母时去世，并被安葬在那里的巴斯阿比（Bath Abbey）教堂。

巴斯阿比教堂

马尔萨斯的墓碑及上面的文字

马寅初（1882—1982）是我国著名的经济学家、人口学家、教育家。

20 世纪 50 年代中期，他提出以节制生育、提高人口质量为中心的"新人口论"和综合平衡按比例发展的经济理论。

1958 年，马寅初在二届政协一次会议上与邵力子、李德全讨论节制生育问题。

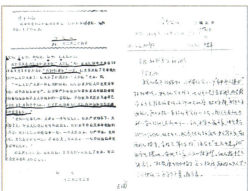

1959 年 12 月，康生插手，布置北京大学党委批判马寅初的信件和北大党委会研究落实康生"指示"的常委会会议记录。

一组为马寅初平反的新华社《国内动态详情》、北大党委为马寅初平反请示报告和中央领导人陈云、胡耀邦及方毅等人的批示。

新马尔萨斯主义者弗朗西斯·普雷斯
（Francis Place，1771—1854）

《增长的极限》(The Limits to Growth) 因其振耳发聩的观点而曾经风靡全球，被译成各种文字，一版再版。

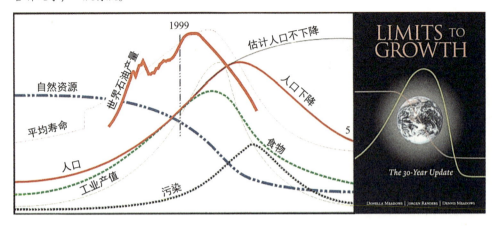

适度人口理论的创立者和提倡者英国著名的资产阶级经济学家埃德温·坎南（Edwin Cannan, 1861—1935）。他编辑核订的《国富论》曾被认为是最标准的版本。

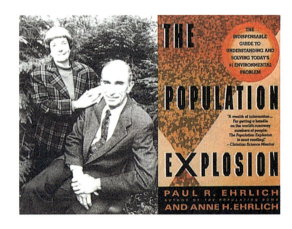

《人口爆炸》(The Population Explosion) 及其作者保罗·R.伊尔里奇（Paul R.Ehrlich, 1932— ）和安妮·伊尔里奇（Anne Ehrlich, 1933— ）夫妇，两人均是美国斯坦福大学的知名学者。

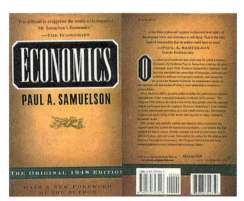

"人口零增长论（ZPG）"的代表人物保罗·萨缪尔森（Paul A.Samuelson, 1915— ）及其《经济学》(Economics, 1948年版)

第 十 九 章

· Chapter Nineteen ·

人生的悲哀,乃心情温柔化慈悲化所必要——社会同情心的刺激,往往可以生出一种品性,比仅有才能的品性,更为高贵——要生出道德上的善,道德上的恶也许是必要的——由理智欲求而来的刺激,因自然无限变化,形上问题含有暧昧的原故,得继续维持——天启的困难,由这原理说明它——圣经包含的证据程度,也许最宜于人间官能的改良及人类道德的改善——精神创于刺激的观念,似乎说明了自然的恶及道德的恶何以存在。

第 十 九 章

　　人生的悲哀及困穷，是又一类的刺激。要由印象之特殊系列，使心情温柔仁慈，唤醒社会同情心，生出一切基督教的道德，供博爱心以广阔的活动机会，这一类刺激，似乎是必要的。一致繁荣的进程，其一般趋势，与其说是使品性向上，无宁说会使品性堕落。从来不知道悲哀的心，对于同胞的苦痛与快乐，缺乏与愿望，深能强烈感到。友爱的温情，亲切而温雅的爱情，比最高的才能，还更能使人的品性尊严，但从来不知道悲哀的心，却很少有这温情与爱情。固然，才能是精神上一个极显著的纯美的特征，但决不能说才能即是精神。有许多精神，不曾受到一般会启发才能的刺激，但因受了社会同情心的刺激，亦居然提高到颇高的程度。不问是哪一等生活，最高的或最低的，总有一些品性，充有人间仁爱的乳，充有对神与人的活泼的爱；他们虽然没有才能那一种精神力，但比较仅有才能的人，还显明持有更高的位置。福音主义的慈悲，敬虔，敬念，及特称为基督教道德的各种道德，都不必包含才能；但有这诸种温雅性质的灵魂，依愉快同情心而觉醒而向上的灵魂，似乎比较单纯的知力敏锐，还与上天保有更密切的交通。

　　最大的才能，往往会误用，并比例于才力的范围，生出恶害。理性与天启，都对我们保证，这种精神，将受永远的死的处罚。但这种不德的机关，因可激起嫌恶与憎厌，故在世间，在印象的系列中，也有其位置。似乎，要生出道德上的善，道德上的恶乃是绝对必要的。人类如果只能看见善，就很可以说是受驱使于盲目的必然性。在这场合，善的追求，不能表示有德的性向了。或谓，无限的智慧，不要有外部行为表示，已可正确地预知人类

◀作为剑桥大学基督学院的学生和后来的教区牧师，马尔萨斯认为《圣经》最有利于人类官能的改良和人类道德的改善。基督教道德可以防止因误用人类才能而产生恶害。

人 口 论

将选择善抑选择恶。这个议论,如用以反对试练的状态,是很可赞美的;但不能用来反对下述那个假设,即在这世间,精神是在形成的状态中。根据这主张,曾看见道德上的恶,并对此曾感到失望与嫌厌的人,和那种只见善而不曾见恶的人,本质上就是不同的。他们虽同是黏土块,但受了相异的印象;因此,他们的形象亦必定是不相同的;即令二者有同样好的德的形式,我们仍须承认,其一曾经历进一步的过程,故其实质坚固而耐久,其他却易受损害,得为任何偶然的冲动所毁。对于德,要有热烈的爱赏,似乎必须有恶的要素存在;设无道德上的恶,惹起厌恶印象,形式与实质将不能有同样的美,品性亦将不能有同样的完全。

当精神为情欲及肉体欲求所唤醒而起来动作的时候,理智的欲求就起来了。知识的欲望及无知的难堪,成了一类新而重要的刺激。自然的每一部分,遂都提供一种刺激,来刺激这一类精神的努力,并以无穷的食物,叫人去做连续的研究。我们的不朽的诗人,关于克里奥巴托拉,曾说:——"习惯不能珍藏她的无限的变化。"

这句话,当应用于某一物时,可说是诗的夸张,但应用于自然,那确是正确的真理。无限的变化,实际是她的最特色。自然的图画,随处混杂着阴影;这阴影,在全画的美观上,加附了精神,生命,与卓越。其粗杂,其不平等,其低劣部分,(用以支持优越部分的)虽有时会触犯盛气的近视的显微镜下的眼,却会助成全体的匀称,风雅,与调和。

自然形态及自然作用的无限变化,除了造出印象的变化,直接唤醒精神,改良精神以外,尚提供一个广阔的原野,供人研究,供人探讨,从而开辟其他的丰沃源泉,叫人改善。一致的无变化的完全,不能有同样的觉醒力。我们如果默思宇宙间的组织;如果想到无限空间散布着的星辰及其他系统的太阳;如果反省,我们也许未曾看见这辉耀而照耀无数世界的百万分之一;如果不能把握无限概念之精神,当叹赏创造者的难理解的大力时,竟然失望,自失,而混乱;我们且莫怨诉一切气候不是一样温暖;莫怨

第 十 九 章

诉一年间不是春天永久当令；莫怨诉一切神的创造物不能有同样的便利；莫怨诉云岚有时会使自然世界阴暗，罪恶与贫困有时会使道德世界阴暗；莫怨诉所创造的一切作品，没有同样的完全。理性与经验，都将指示我们，自然的无限变化性，（有变化，即不免有低劣部分或瑕疵）最适于促进创造的最高目的，生出最大可能量的善。

形上问题的暧昧，在我看，亦同样可说是一种刺激，这种刺激，亦是由知识欲生出来的。人类在世间，也许永远不能完全解决这一类问题，但这不是人类不应研究这一类问题的理由。人类有好奇心，但人类要了解这一种有趣味的问题，却很少希望。这种黑暗，对于理智的活动与努力，可以提供无尽的动机。人不断努力要排去此种黑暗，虽不能成功，但可激励思想能力，并从而改善之。人类研究的对象，若一旦干竭，精神或不免沉滞；但这个时期是不会来到的，因为自然的形式与作用，有无限变化，而形上问题对思辨所提供的食物又无穷。

所罗门说："太阳之下没有新的事物。"这句话，决不是最贤明的。反之，假令今日的宇宙组织得持续至数百万年，人类知识的总量，会继续增加，亦未尝是不可能的；不过，精神能力，是否会在显著断然的方法上增加，依然可以是一个疑问。苏格拉底，柏拉图，亚里士多德，与今日哲学家比较，知识虽明明较劣，但精神能力却不见得更为低下。知力从一种污物中生起，仅在一定期间内保持其活力，在这世间也许只能容受一定量的印象。这种印象，固然可以有无限的变形，并由此种种变形，及原芽感受性的差异，①使我们在这世间所见的品性，有无限变化；但理性与经验，似乎都对我们保证，个人的精神能力，不按现有知识总量的比例而增加。最纯美的精神的形成，与其说由于消极接受

---

① 也许，没有任何两粒谷，是恰好一样的。使谷叶生出差别的，无疑主要是土壤，但也许不全部是。这情形，自然会引导我们去设想，在原芽中，已有某种差异，虽然这种原芽，直到后来，才觉醒而成为思想。幼童感受性的极大差异，似乎证实了这个假设。

他人观念的印象,不如说由于创造思想的努力,由于造成新系统发现新真理的努力。设吾人能设想,到某一时期,即无再进一步发现什么的希望,从而,精神的唯一任务即在于获取已有的知识,不复努力去造成新的创造的系统;那么,即令那时候的人类知识,一千倍于我们现在的知识,亦显明有一种刺激,(对精神努力堪称为最高贵的刺激),将从此消灭;知力的最纯美的特征,将从此丧失;与天才相类似的一切东西,将从此终焉;洛克,牛顿,莎士比亚,苏格拉底,柏拉图,亚里士多德,荷马所曾有的知力,将不复为任何人所有了。

设若无人稍稍怀疑的天启,居然一旦扫清了现在诸形上问题的雾;设若我们能说明精神的性质与构造,说明一切物质的性情与本质,说明最高存在物在创造工作中的活动方法,说明宇宙的全部计划与图案;由此获得的知识的增大,不仅不能给人类精神以追加的元气与活动,且确乎会抑压将来的努力,挫折理智的飞翼。

依此理由,我们决不能因经典某一部分有疑问与难点,即据此以驳斥经典的神圣起源。最高存在物,无疑可以把奇迹的连锁默示于人,使生出一种普遍的压倒一切的确信,立即终止一切迟疑与讨论。我们的脆弱的理性,要了解大创造者的计划,固嫌不足,但要看见这种天启的最显著的反对,却还有充分的力量。我们对于人类悟性的构造,所知道的虽然很少,但就有这仅少的知识,已可使我们确信,此种压倒一切的确信,不会有人类改良及道德改善的倾向,却会以爆发物接触理智努力,几乎把一切的道德扑灭。如果一切人相信圣经上的永久惩罚的宣言,如同相信夜将随日而至,这一个大而阴郁的观念,即将占领人间能力的全部,不容其他概念有活动余地了:人的外部行动,几乎会一切人相类似:有德的行为,将不表示有德的性向;恶与德,将混淆在一个共通体中;所以,神的无所不见的眼,虽可区别恶与德,但人既只能由外表判断,恶与德就将给人以同一的印象了。在这样的统治下,我不知道,人类如何会嫌恶道德上的恶,爱赏神及

第十九章

道德上的善了。

关于德与恶，我们的观念，也许不很正确不很确定；哪怕一种行为，只为了恐怕极大的刑罚或期望极大的报酬，我想，亦有少数人，会称它为德行。敬畏上帝，就很可说是智慧的开端；但智慧的终极，却是爱慕上帝，赞赏道德上的善。未来刑罚的宣告，载于圣经中，似曾阻止罪恶的进步，唤醒不注意者的注意；但反复的经验，却告诉我们，这宣告所伴有的证据，不能压服人类的意志，不能使人类仅仅因为恐惧此后，即以恶的性向，度德的生活。真正的信仰——即真正基督教生活上的德——才一般可说是温雅而有德的性向之表现，其作用，更依于爱，更不依于纯粹无杂的恐怖。

人在此世间，因肉体构造及自然法则作用，必然要受各种诱惑。从而，从这大创造炉中出来的，一定有许多，有不正的形态。当我们反省到这些事的时候，我们要想像，神手创的某一种物能受永远痛苦的宣告，那是全然不可能的。我们如采纳这观念，一切善的及正义的自然概念，将全被推翻；我们不复能视神为慈悲中正的存在物了。依福音而显明的永生不死的教义，罪的工资是死而正义的结局是永生的教义，就各方面说，都是正当的，慈悲的，与大创造者的意志相称。在可爱的美丽的形式上，从世界创造过程中出来的存在物，应戴上不死的冠，如其出身不幸，其精神不宜于更纯粹更幸福的状态，即应消灭而宣告其应再与原黏土相混合：似乎再没有什么，还比这个假设，更与理性相符合了。这一种永远的宣告，可说是一种永远的惩罚；它有时会在痛苦的意象下表现，是不足怪的。但生与死，得救与破灭，比幸福与痛苦，在新约全书中，是更屡屡相反。我们如认最高存在物，不仅宣告一切依自然法则作用不宜于更纯粹幸福状态之存在物，应归返本来的混沌状态，而且，对于一切触怒自己的创造物，还须加以永远的嫌恶与苛责，最高存在物，就在一种极不相同的观察下，出现在我们面前了。

一般的说，生命是一种幸福，那是无关于未来状态的。这种幸福,即令恶人,亦不常常准备放弃,虽然他们不怕死。因此,最高创造者虽引起了部分的痛苦,但他曾使无数存在物,取得最高享乐的能力,所以这部分的痛苦,和他所给与的幸福比较,直不过是一点一滴的尘埃。我们有各种理由,认这世间所有的罪恶,作为伟大过程的一个成分,并没有超过绝对必要额以上。

知力形成之一般法则,显然是必要的,这显著的必要,无论就任一点说,亦不能以一二例外来反驳。此等一般法则,显非意图部分的目的,它们会对于人类大部分发生作用,并持续许多年代。根据我的精神成立观,神的默示对于一般自然法则的侵犯——被看作是神的直接动作,以混合新成分于大体中——似特宜于过程的特殊状态,可引出新而强的印象系列,以纯化,提高,并改善人类的精神。伴此等默示而生的奇迹,一旦刺激人类的注意,一旦成为最有兴味的论争事件,则无论教义是由神造抑是由人造,此等奇迹,就算成就了它们的任务,就算副了创造者的目的。神意的这种传达,一因其自身本有价值,再因其作为道德动机,慢慢地影响并改善人类的官能,不压倒亦不停滞它,后来才得任其有所成就。

说最高存在物不能在他所选定的方法以外,成就他的目的,无疑是僭妄的;但我们所有的神意的默示,虽具有若干疑问与难点;我们的理性,对于天启——那强迫我们有直接的信仰,盲从的信仰,普遍的信仰——虽指示了最强力的反对;我们仍有十分正当的理由,认此等疑问与难点,不足反驳经典之神圣起源,而当中所有的种种证据,亦最适宜于人类官能的改良及人类道德的改善。

这世间的印象与刺激,乃最高存在物化物质为精神的工具;避恶求善的不断努力的必要,又为此等印象与刺激的主要动力:这种思想,似乎荡平了人生观上许多困难。在我看来,自然的及道德的恶害何以会存在,那两部分不小的起于人口原理的恶害何以会存在,都由此取得圆满的理由了。根据这假定,要永远除去这世界的恶害,固然是极不可能的;但若这印象的分量,不与

第 十 九 章

人的活动及怠惰共增减，它亦就显然不能副创造者的目的，显然不能发生这样有力的作用，来刺激人们去努力。这压力的重量及分配，是时时变动的，这不断的变动，使我们不绝希望把这种压力消除。

"希望永远在人胸中涌现，
　人决不是多福的，但常常想多福。"

恶害在这世间，不生失望，只生活动。我们不是忍耐的屈服于恶害，是努力去避免它。竭全力从自身，从他所能影响的大范围中，除去恶害，不仅是每个人的利益，而且是每个人的义务。他越是尽了这种义务，他越是贤明地指导他的努力，他此等努力越是成功；那么，他也许越加会改善自己的精神，提高自己的精神，从而，越加完全地履行创造者的意愿。

附录一　译名对照

休谟（Hume）
亚当·斯密（Adam Smith）
华莱士（Wallace）
葛德文（Godwin）
孔多塞（Condorcet）
亚拉里克（Alaric）
阿提拉（Attila）
成吉思汗（Zingis Khan）
恺撒（Caesar）
皮特（Pitt）
乌罗亚（Ulloa）
蒲勒士（Price）
斯台尔（Style）
苏歇米尔斯（Susmilch）
萧特（Short）
金格（King）
牛顿（Newton）
笛卡儿（Descartes）
亚齐德康·巴勒（Archdeacon Paley）
布拉叟（Brothers）
台苏斯（Theseus）
亚基里斯（Achilles）
霍勒特（Howlett）
欧克利（Euclid）

附录一　译名对照

亚历山大（Alexander）

帖木儿（Tamerlane）

所罗门（Solomon）

苏格拉底（Socrates）

柏拉图（Plato）

亚里士多德（Aristotle）

莎士比亚（Shakespear）

洛克（Locke）

荷马（Homer）

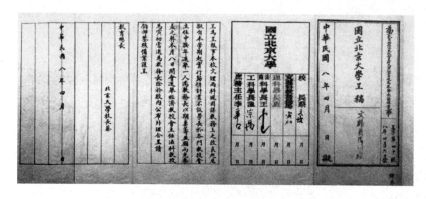

请马寅初任北大教务长的申请文件

附录二 马寅初"新人口论"

· Appendix Two ·

> 我虽年近80，明知寡不敌众，自当单身匹马，出来应战，直至战死为止，绝不向专以力压服不以理说服的那种批判者们投降。
>
> ——马寅初

附录二 马寅初"新人口论"

马寅初在中华医学会节育技术指导委员会成立会上谈控制人口问题*

（1957年3月31日）

在3月31日中华医学会节育技术指导委员会成立会上，专家们就控制人口和开展节育工作发表了很多意见。

经济学家、北京大学校长马寅初先生着重谈了控制人口。他说，他以人民代表大会代表的资格，曾三次到浙江视察，调查了浙江人口增长的情况，浙江每年人口增长率平均是2.5%—3%，有的地方高达5%。如果全国人口的平均增长率以3%来推算，10年以后人口将达8亿多，15年后将达9.8亿，50年后将增加到26亿，这个数字是惊人的。马寅初认为，马尔萨斯说生活资料是按算术级数增长，是错误的。他的学说在当时就已破产，因为当时德国科学已相当发达，人口按几何级数增加，而生活资料同样也按几何级数增加。在目前的我国，人口和生活资料都是按几何级数增加，生活资料的增长不能说不快，即使这样，人民的生活也只能维持现状，不能够得到改善。今天我们的

◀我国著名的经济学家、人口学家、教育家马寅初（1882—1982）在20世纪30年代时。

* 原载于《光明日报》1957年4月3日。

人 口 论

目的是要提高人民的文化生活，那么，生活资料的增长必须要比人口增长得快，方能达到提高物质和文化生活的目的。又因为我们中国科学落后，因此，我们就要一面控制人口，一面发展科学，控制人口必须用政治力量才能达到。

马寅初说，生活资料的增长决定于科学的发展，人民政府对发展科学是花了很大的力量的。还没有见过一个政府这样重视科学。英国的科学有300年历史，美国的科学历史有200年，苏联从罗蒙诺索夫算起，也是200年，我国要在12年内赶上这些国家是有困难的，这就必须一方面发展科学，一方面控制人口的增长。

马寅初说，有人说我国人口出生率是2.2%，即以这个百分比计算，一年也要增加1300万人，据李富春副总理说，在最近几年，工业方面每年只能安插100万人，其余绝大部分要由农村容纳。但科学发展的结果，工业和农业都要机械化，甚至自动化，那时，一个人就可以做几千人做的事情，这样看来，人口过多与机械化是有矛盾的，与科学发展也有矛盾。控制人口必须要由政府来做，这件事只有我们这个政府做得到。要做这件事的政府，须有两个条件：一个是必须是强有力的，一个是必须是人民拥护的，我们的政府是有这两个条件的。

再者，我们的经济是计划经济，生育也必须要有计划。这两件事必须同时进行，否则要给计划经济带来很多困难。

附录二　马寅初"新人口论"

马寅初谈人口问题*

（1957年4月）

"人口太多就是我们的致命伤"，马寅初先生在接见记者的时候首先就提出了他对这个问题的看法。

他说："你想，1953年6月30日我们全国人口普查的时候，人口是601 938 035人，现在过了4年，按照我国人口增殖率25‰计算，每年要增加1500万，那么现在我国的人口至少是6.5亿，以我的估计，人口增殖率不止25‰，而是30‰，照这样计算下去，50年后我国人口就有26亿。超过现在全世界人口的总和。你看这还得了！"

我们常说：地大、物博、人口众多，人口众多正是我们的骄傲条件之一，现在怎么倒成了问题呢？

我们的老教授说："你看看我们的人过去是怎样生活的，过去很多人是糠菜半年粮，饥荒时连糠菜都吃不到，吃草根，吃树皮，死亡遍野，乞丐满天下。"

马老认为帝国主义、封建主义和以"四大家族"为代表的官僚资本主义的残酷剥削，固然是造成我们贫困的根本原因，但是人口众多这个事情的本身，也是我们贫困的原因。解放后生产力提高了，人民的生活改善了，但是这个改善受到很大限制。

他说："中央和毛主席对这个问题早就认识到了。陈云同志是管米的，他当然对这个问题很清楚，过去所以没有把这个问

---

* 原载于《文汇报》1957年4月27日。

人 口 论

题提出来,可能是时机不到,现在如果再不谈就不得了啦!"

马寅初教授认为这个问题过去不谈,教条主义从中作祟也发生了影响。1955年全国人民代表大会上马老就提出了这个问题,当时小组会议通不过,有人说苏联没谈,我们也不能谈,他那篇发言稿子一直到今天还压在那儿。

马老说:"时间过了两年,现在人口问题可以公开谈了,这说明我们国家进步真快,也说明这个问题的确很严重了,今年5月全国人民代表大会上我还要谈这个问题。"

人口繁殖的确是"无组织"、"无纪律"的,马老认为不能再这样下去,我们现在有计划经济,同时也应该有计划生育。

马老主张推迟结婚年龄,大力宣传避孕,而且这还不够,要用行政手段控制生育。

他说:"赫鲁晓夫曾经说过一个家庭最好只有3个孩子,苏联地大、人少,他们的耕地面积和我国比是2.2∶1,而人口只有我们的1/3,用数学计算,我们比他们大6倍,他们主张3个,我们只能有2个。"

马老说,他个人的主张是2个孩子的有奖,3个孩子的要征税,4个孩子的要征重税,就以征来的税款作奖金,国家的预算上既不支出,也不收入。

这样的主张会不会有人反对呢?马老认为一定会有。事情总是这样的。过去北京就有一些顽固的老人,他们认为北京街头的牌坊一个也不能拆,城墙的豁口也不能开,现在豁口打开了,交通便利了,牌坊送到公园安装起来了,这又有什么不好?

他说,年前在人民代表大会会议上,他提出这个问题的时候,当时在场的科学家都赞成,非科学家有人反对,有人守中立。他认为不管赞成或反对,只要有道理,可以听。最招人生气的是那么一种人,他们见风使舵,看着共产党员反对的多,他也就反对,而又说不出个所以然来。马老很气愤地说:"这种人在哪一行里都有,共产党要听他们这些人的话,早晚要上当。"

接着马老回到本题上说,现在粮食紧张,猪肉紧张,布票对

附录二 马寅初"新人口论"

折使用,煤也不够烧,这一切都牵连着人口众多的问题。人口多了,疾病、瘟疫都来了,粮食不够吃要闹事,马老拍拍肚子说:"毛病就出在这里,6.5亿人要吃啊,有人说猪食不够,人要吃饱还有问题呢,还谈得到猪吗?"

"我们不是有很多荒地可以开垦吗?开荒不是可以容纳大量的人口吗?"记者问。

"是的,我们有不少荒地",马老说,"但是数量并不那么多,我们的耕地只有16亿市亩,生荒地只有15亿市亩,加在一起只有2亿公顷多一点,而且不是所有的荒地都能开垦,譬如荒山。说实在的,开荒又谈何容易。"

马老说,大量开荒需要拖拉机,拖拉机从哪里来?即使说我们能造拖拉机,也不能把钢铁都用在拖拉机上;有了拖拉机,也不顶事,拖拉机要喝,汽油从哪儿来?玉门石油矿因为缺少钢板、水泥和木料,不能扩建,就是有了这三项材料,运输也成问题。现在从石家庄、郑州往西的铁路线上货物到处都堆满了,运输能力不够,都囤在那儿了。另外开荒要人,要盖房子,修马路,办医院,设学校,还需要大卡车,火车不是什么地方都能去,而且有些地方有地方病,有人去了,不服水土,抗不了。

马老认为人口问题不仅是量的问题,也有质的问题。他举例子说,一辆大板车过桥,要十来个人前拉后推,哼呀哼呀地,拉的人脑袋都要碰着地了,干吗不用机器,一推就上去呢?我们要给他们技术,给他们知识,有了机器,1000人做的苦工,只要1个人操纵机器就够了。可是话又说回来了,那999人做什么呢,哪里去找那999部机器呢?

马老说:"也许有人想过,将来自动化了,生产力提高了,每人每天做2小时工作就够了。这个想法很美丽,可是空下来的时间做什么,读书吗?有很多人连扫盲过程都没经过,书也读不懂,中国现在有70%—80%的人还不能阅读。好,即使能读书,教员在哪儿?书在哪儿?纸张这么贵。"

马老接着说:"我们总的情况是劳力多,资金少。资金少,

人 口 论

投资就少,就不能很快地机械化、自动化,所以现在安插人是第一,大型工业不要多,可以因地制宜,多搞一些中小型工业,这是解决人口问题的一个办法。"

马老再次地提出来必须计划生育和控制生育,我们既然认识教育是国家的事情,那末生育同样是国家的事情。我国的经济是由小农经济转变为集体经济,私有制转变为全民所有制和集体所有制。我们的社会是集体的社会,集体的社会要有集体的生活,因此不能够认为结婚生孩子,仅仅是私人的事情,它牵涉到我们的集体利益。

"那么你对马尔萨斯人口论的看法怎样?"记者问。

马老答道:"马尔萨斯的理论肯定是反动的。他说食粮按算术级数增加,是不对的。食粮也是按几何级数增加的。"

他举出我国的例子,人口增加率是30‰,食粮增加率几年来是40‰—50‰,可见食粮增加很快,但是食粮增加的速率不能长期地这样下去,因为耕地有限,将来总要成为问题的。

他认为马尔萨斯理论的出发点是维护资产阶级和它的政府。我们是为人民,为了我们人民自己的政府,我们不要战争,更不能想像用战争来消灭人,我们从爱人出发,要我们的人生活得幸福和繁荣。

附录二 马寅初"新人口论"

我国人口问题与发展生产力的关系*

（1957年5月）

现在我们人民内部矛盾很多，党与非党之间有矛盾，群众与领导有矛盾，群众与群众之间有矛盾，政府各部门之间也有矛盾，连我们小小的北京大学矛盾也是很多。这些矛盾我都不谈，我只谈今日中国的大矛盾。这就是生产力落后。这是一个主要矛盾，这个矛盾解决了，别的矛盾就比较容易解决。不过要解决这个矛盾，不是一天两天的事，需要长期努力才行。

这里，我要着重谈谈中国人口问题。这个矛盾与前面讲的那个主要矛盾关系很大。我们解决主要矛盾的根本办法就是发展生产力，高速度地工业化。要高速度工业化就需要大量资金。资金从何而来？资金主要从国民收入中积累而来。但是，我国人口太多，本来有限的国民收入，被6亿多人口吃掉了一大半，以致影响积累，影响工业化。因此，中国人口如继续这样无限制发展下去，就一定要成为生产力发展的障碍。

我们只要研究一个中国人口的增长情况就会感到人口问题十分严重。1953年全国人口普查，才知道我国人口已超过6亿，4年来又至少增加了5 000万。我大概算了一下，如以净增加率2％计算，15年后将达8亿，50年后将达16亿；如以3％计算，15年后将达9.3亿，50年后将达26亿。到那时候，将超过今日世界的人口。我说的3％的净增加率，估计并不算高，可能还保守一点。我的理由是：第一，几年来一般职业稳定了，年轻人一有职业就考虑结婚；第二，孕妇、产妇、儿童有许多优待，乡村都有新法接生，小孩死得少了；第三，生活逐步提高，医疗卫生

---

* 原载于《大公报》1957年5月9日。

人 口 论

大有进步,一般死亡率降低了;第四,人的寿命不断增长,苏联人的寿命30多年来已提高1倍,平均达到60几岁,我国有句古话:"人生七十古来稀",今后恐怕是"人生七十多来兮"了;第五,全国解放后,和平统一了,不打仗,要少死许多人;第六,社会根本变了,尼姑、和尚也结婚了,妓女也没有了,多了许多生孩子的人。农村合作化后,生活好转,父母要为儿女成亲。因此,我敢说,我估计3‰的净增加率还是保守。这个数字,说明我国人口问题将愈来愈严重,一定要实行计划生育,非计划生育不可。我们社会主义经济就是计划经济,如果不把人口列入计划之内,不能控制人口,不能实行计划生育,那就不成其为计划经济。毛主席说得对:"一切要从6亿人口出发"。而且还要有人口动态统计,否则人口统计不正确,所定的计划一定会被打乱,结果计划一定会落空,久而久之,就会出问题。

还有,社会主义事业愈发展,机械化、自动化必然随之扩大,从前1000个人做的事,机械化、自动化以后1个人就可以做了,请问其余999人怎么办?因此,我们考虑到人多,就不能很快地机械化、自动化,我们现在不能多搞最大的工厂,要多搞中、小型工厂,就是因为中小型工厂可以安插好多人。但是,我们搞社会主义就应当多搞大工业,列宁也说过,没有大工业就没有社会主义。然而我们过多的人口,却拖住了我们高速度工业化的后腿,使我们不能大踏步前进。有人说,机械化、自动化以后,人人可以减少劳动时间,每天可以劳动4小时甚至2小时,其余的时间用来学文化,求知识。这种想法是好的,但试问几万万人学文化,纸在哪里?校舍在哪里?教师在哪里?又有人说,我们还有15亿亩荒地可以开垦。这是事实。但是好多荒地缺少水源,有何用处?而且农业部所说的荒地据北大生物学家李继侗教授的意见,全是少数民族世世代代借以为生的草原地,绝大部分是不应开垦的。即能开垦,也需要拖拉机,拖拉机哪里来?有了拖拉机,汽油怎么办?就算有拖拉机和汽油,又怎样去?今日的铁路已很拥挤,如何运去?运去之后要筑公路,要有不知多少大卡

附录二 马寅初"新人口论"

车,谁去开荒?我们江浙人口稠密,可以去,但是不能一个人去,若带家眷去,开荒的地方就要先造好多房子,开商店,办学校,办医院。这些问题不解决,就不能大量开荒。要造大卡车,造房子,开商店,办学校,开医院,就需要大量钢材、木材、水泥,而这些物资,又是我国现在缺乏的东西。所以除非科学家能快快制造合成的食品,我们就不能摆脱耕地的束缚。

总之,唯一的、最有效的办法就是控制人口,实行计划生育。怎样实行计划生育,最重要的是普遍推行避孕。人工流产我是不赞成的,一则因为这是杀生;二则会伤害妇女的健康,使之一生多病;三则会冲淡避孕的意义;四则会增加医生的负担,造成很大浪费。如果允许人工流产,年轻的夫妇们就会把希望寄托在人工流产上,不去避孕。

关于提倡晚婚问题,我希望青年们不要视结婚为完全私人的事,我们正在养成集体生活的习惯,难道结婚不是集体生活的一部分吗?

每对夫妇生几个最合适?有人主张生 3 个。我认为 2 个就够了,男孩代替父亲,女孩代替母亲。我还主张 2 个有奖,3 个有税,以税作奖,不会加重国家负担。

今年增加的 1 300 万人口,能在工业中安插的不过 100 万人(据李富春同志第二个五年计划说明),其余的 1 200 万人要下乡。但今日农民每人每年为国家所创造的财富包括农业税、公益金、公积金等在内,至多不过四五十元,而工厂中的工人因有新式的技术装备,每年至少可以为国家创造七八百元,若把 100 万工人和 1 200 万农民合并计算,则每人平均劳动生产率一定很低,问题是在如何提高这 1 200 万下乡的人民的生产力。若要提高,非搞农业电气化、机械化不可,非增加化学肥料不可。但资金在哪里?积累在哪里?去年我们的国民收入将近 900 亿元,其中消费占 79%,积累只占 21%,即等于 180 多亿元。这笔资金要分摊在重工业、轻工业、农业(包括林、牧、渔)、运输业、建筑业、商业(包括对外贸易)这许多单位之中,当然不能大踏步地

人 口 论

前进。资金积累如此之慢,而人口增殖如此之快,要解决"先进的社会主义制度与落后的社会生产力间的矛盾"。不亦难矣哉?因此我们非控制人口别无良图。

农民对于自己生产出的粮食,总想多留一点。近来他们对于生活逐渐要向城市居民看齐,他们要多吃油,所以油的紧张超过粮食;他们要多穿,所以布不够;布不够,所以布票要折半使用。布票折半,老百姓相信共产党,没有意见。但是,这样的事不能多做,多做了不好。因此,把每年增殖出来的一千几百万人放在农村是出于不得已的办法,以后的情形还要严重。若不早为之图,难免把一切恩德变为失望与不满。

新 人 口 论 *

（1957 年 7 月）

　　由于党和毛主席的英明和正确的领导，人口的控制已有了办法。1957 年 10 月 26 日发表的《1956 年到 1967 年全国农业发展纲要（修正草案）》第二十九条第三项规定："除了少数民族的地区以外，在一切人口稠密的地方，宣传和推广节制生育，提倡有计划地生育子女，使家庭避免过重的生活负担，使子女受到较好的教育，并且得到充分就业的机会。"我深信有了这一项规定，5 亿农民中多子多孙的思想，一定可以很快地扭转过来。

　　我国农村过去长期存在着地主和农民的阶级矛盾，这个矛盾经过了解放战争胜利和土地改革完成，已经解决了。土改之后，农村中发生了新矛盾，这就是个体农民走向资本主义还是走向社会主义的矛盾。经过了几年来的斗争和艰苦工作，1956 年在全国范围内基本上实现了农业合作化，中国农民肯定地走了社会主义道路，从而基本上解决了这个两条道路的矛盾。那末现在还有没有矛盾呢？矛盾是有的，除了毛主席所说的人民内部矛盾这一主要矛盾外，我认为人口多，资金少，也是一个很重要的矛盾。过去的矛盾是阶级矛盾，现在的矛盾主要的是生产矛盾。

---

* 本文为 1957 年 7 月作者在第一届全国人民代表大会第四次会议上的书面发言，原载于《人民日报》1957 年 7 月 5 日，发表时作者曾稍作补充。

人 口 论

一、我国人口增殖太快

1953年的普查是中国历史上第一次普查,普查结果表明,1953年6月30日中国人口一共有601 938 035人,这是一个静态的纪录,如果1953年以后每年都有人口统计数字,这样就成为动态的人口纪录。可惜的是这些数字现在没有,今后必须建立生命统计,登记各个区域人口出生、死亡、结婚、离婚、迁入、迁出的人数,这样才有正确的人口统计。现在一般估计中国人口大概每年增加1 200万到1 300万,增殖率20‰,如果这样估计下去,30年后同实际的人口数字一比,就会差之毫厘而失之千里了。增殖率20‰是怎样得来的呢?1953年政府在29个大中城市、宁夏全省、其余各省每省选10个县进行普查,另有35个县只查1区、2镇、58个乡、9个村、共有人口3 018万人,出生率37‰、死亡率17‰,因此人口增殖率为20‰,并且说城市的增殖率高于乡村;上海一地的增殖率是39‰,城乡平均起来每年增加20‰。我很怀疑4年来增殖率是否仍旧是20‰呢?普查的数字在当时是正确的,但拿20‰来解释以后4年的情况(自1953年至1957年),恐怕有出入。由于以下七方面的考虑,我认为增殖率或超过20‰:(1)结婚人数增加,在解放以前青年人毕业即失业;现在毕业以后,国家分配工作,经济情况改善就具备了组成家庭的条件。社会上大家都有职业,对于父兄、亲友的接济少了,负担减轻,也促使结婚人数增加,并且政府照顾已婚夫妇,原则上分配在一个城市内工作,生育的机会也就增加了。(2)政府对于孕妇、产妇和婴儿的福利照顾,产妇产前、产后有56天的休假,这在解放前是没有的。随着卫生事业的发展,乡村中产婆接生已为正规接生所代替,婴儿死亡率下降,托儿机构普遍建立,可替多子女的家庭进行一部分教养儿童工作,子女入学可以享受公费待遇。(3)老年人死亡率减少了,以往是人生七十古来稀,现在是人生七十多来兮。对孤寡老人政府有照顾,退休有养老金,真是鳏寡孤独皆有所养。(4)以往几乎年年有内战,人民遭受兵燹、水旱灾害,流离失所,大量死亡。现在国内秩序空前安定,内战消灭,盗匪绝迹,凶杀案件减少,人民死于非命的减少。(5)随着社会制度的改变。尼姑与和尚大半还俗结婚,将来和尚和尼姑的人数也不会多。在资本主义国家不能解决的娼妓问题,我们也彻底解决,大家都知道妓女因丈夫太多,是不能生育的。(6)农业合作化以后,人民生活改善,老年人尚有旧思想的残余,希望多福多寿,什么"五世其昌,儿孙满堂","不孝有三,无后为大",种种格言,到处传播。只要经济上许可,就忙着替儿子娶媳妇,成家立业。(7)政府对于一胎多婴的家庭,除了奖励以外,还有经济上的补助。诸如此类,都是增加出生率,减少死亡率的因素。因此,我认为近4年来人口增殖率很可能在20‰以上。

二、我国资金积累得不够快

我国最大的矛盾是人口增加得太快而资金积累得似乎太慢。周恩来总理在《关于发展国民经济的第二个五年计划的建议的报告》中说:"国家建设规模的大小,主要决定于我们可能积累多少资金和如何分配资金。我们的资金积累较多,分配得当,社会扩大再生产的速度就会较快,国民经济各部门就能够按比例地发展……"国民收入是全国劳动人民在生产过程中新创造的物质财富。在社会主义国家里面,全部国民收入都归劳动人民自己所有。劳动人民把国民收入的一部分用来维持和改善自己的生活,另一部分用于社会扩大再生产,也就是说用作积累。在分配和再分配国民收入的时候,必须使消费部分和积累部分保持适当的比例。消费部分所占比重小了,就会妨碍人民生活的改善;积累部分所占比重小了,就会降低社会扩大再生产的速度。这两种情况都是对人民不利的。

要改善人民的生活,一定要扩大生产和再生产;要扩大生产

人　口　论

和再生产，一定要增加积累；要增加积累，一定要增加国民收入。我国的国民收入在1956年将近900亿元，其中消费部分约为79%，积累部分约为21%。因人口多，所以消费大，积累小，而这点积累又要分摊在这许多生产部门之中，觉得更小了。我要研究的就是如何把人口控制起来，使消费的比例降低，同时就可以把资金多积累一些。

三、我在两年前就主张控制人口

我在浙江视察三次，旧时代的浙江，分成11个府，我到了10个府。令人注目的是这些地方儿童特别多，因此引起了我的注意。我每到一个村，必定向社里的负责干部和老农了解近年来村里出生的人口有多少，死亡的有多少，生死相抵以后，净增加有多少。各地人口增殖的情况虽不一样，我的印象是顶少的也增殖了22‰以上；到上海视察时，感觉到增殖率更高。1955年视察返京以后，就视察所得准备好关于人口问题的发言稿，内容是控制人口与科学研究，打算在1955年的人民代表大会上提出；提出以前先在浙江小组进行讨论，小组会上除少数人外，其余的代表们好多不表示意见，好多不同意我的看法，且竟有人认为我所说的是马尔萨斯的一套，也有的认为说话虽与马尔萨斯不同，但思想体系是马尔萨斯的。虽然他们的意见我不能接受，但我认为都是出于善意，故我自动地把这篇发言稿收回，静待时机成熟再在大会上提出来。今年2月，毛主席在最高国务会议上的发言中明确地提到人口问题，我认为毛主席提出这个问题非常及时，也非常必要，我就把旧发言稿在扩大最高国务会议上简略地讲了一遍。现在就把这篇稿子加以补充，提出来请各位代表指教。

四、马尔萨斯人口理论的错误及其破产

大家都知道马尔萨斯的《人口论》学说是反动的，马尔萨斯说人口按几何级数增加，即由 1 增到加 2、4、8、16、32、64……，而食物是按算术级数增加如 1、2、3、4、5、6、7……，过了几代，人口增加太多，粮食不够吃了，因此产生疾病、瘟疫，甚至战争，人民大批死亡，人口锐减，至此人口数量才能与粮食供应相平衡。这样世界经常处于恶性循环中，人类的前途非常黯淡。马尔萨斯的《人口论》于 1798 年出版，当时正值工业革命以后，社会经济发生根本性的变动，工人们大量失业，普遍贫穷，时有暴动，人民对于资产阶级政府感到很大的不满。马尔萨斯写《人口论》的本意，就在于从理论上维护资本主义制度及其政府，掩盖英国政府的错误措施。他的人口理论无异乎告诉工人们说，工人们的普遍贫困，不是政府之过，主要是由于人口增加太快，而粮食增加太慢引起的。这种论调是他《人口论》的出发点，也就在这一点上他根本错误了。当时法国拿破仑在欧洲挑起了大战，人民死得很多，粮食不足的情况好转了一些，因而大家认为马尔萨斯的《人口论》很正确。但是拿破仑战争以后，他的学说应用到德国的情况上，就不符合实际了。由于当时德国科学研究的发展，粮食也按几何级数增加，比人口增长的速度还要快，他的食物按算术级数增加的理论基础就此破产。马尔萨斯没有想到以后的科学研究能够飞跃地发展，使得粮食也按几何级数增加，并且比人口增加得更快。应该了解，土地和劳动力这些自然条件，虽是农业生产最根本的条件，但它们在发展生产上是有一定限制的，而科学的发展则是无止境的。科学愈发达，人民的文化水平也愈加提高。知识增加，一方面促使劳动生产率增长，另一方面促使生殖率减低，例如社会上层分子和脑力劳动者，娱乐的方式较多，如打球、划船、骑马、打猎等多方面的活动，减低了他们的性欲。在法国上层分子的生殖率停滞不变，他们把生儿育女看做

包袱。又如约翰雷指出,夏威夷群岛的土地非常肥沃,食品有大量的增加,但人口并不跟着增加,主要是因为该处的居民并不是喜欢多子多孙的,这又有力地反驳了马尔萨斯的《人口论》,因此他的人口按几何级数增加的理论也就此破了产。

五、我的人口理论在立场上和马尔萨斯是不同的

马尔萨斯从掩盖资产阶级政府的错误措施出发,我则从提高农民的劳动生产率,从而提高农民的文化和物质生活水平出发。让我用中国的实际情形来说明这个不同之点。

苏联帮助我国建设的第一座大型机械化仓库最近正式投入生产。这座仓库高达35公尺,有24个圆仓和12个星形粮仓,能够储放7万吨粮食。粮仓的一端,有一个60公尺高的工作塔,粮食用火车运来后,卸车、运送、滤尘、筛选、计量、测温等都是用工作塔里的机械操作,自动电铲只用几分钟的时间就能把一车厢粮食卸完。粮仓里设有电阻温度计,化验工人在地下工作室里就能通过自动测温仪表箱准确地测量每个粮仓里的温度。发现仓里温度高,把电钮打开,在6天内就能把7万吨粮食全部进行一次通风。如果用人工翻晒这些粮食,需要300个劳动力连续晒一年半才能晒完。这座机械化仓库是为石家庄食品制造工业储藏原料建设的,对保证产品质量有很大作用。关于粮仓问题我曾与粮食部的负责人谈过,知道粮食集中在政府手中者今年约有1000亿斤左右(包括农业税和征购之数),此外尚须加上200亿斤从上年留下来的,约共1200亿斤。1亿斤等于5万吨,共等于6000万吨。若这个数量的粮食,皆用机械化仓库来储藏,共需建筑857座,每座建设费约在300万元左右,共需25.5亿元。但实际上每座粮仓的利用率不过60%—70%,因为年岁有丰歉之别,丰收时,收集的粮食可以堆满仓库,但歉收时,或只能利用60%—70%。因此我们建设可以容纳1亿吨粮食的仓库1428座,共需投资42.8亿元,试问资金在哪里?有

附录二　马寅初"新人口论"

了资金,钢铁、水泥、木材在哪里?

假定每座仓库需用300个劳动力(旧式仓库的一个保管员只管50万斤),共需用42.84万人,尚且要花一年半的时间才能晒完。而现在每座只需15个技工在6天内就能把7万吨粮食进行一次通风。就是只要原来人数的1/20就可完成任务了。其余19/20的人是多余的。因为这15个技工的工作效率高,所以他们的平均工资是80元;因为工资高,所以购买力大,物质和文化生活水平可以提高,社会主义的目的可以达到。但我们要注意的,是那19/20的人的物质和文化生活,用什么方法来提高呢?在目前6.4亿人口的压力之下,要提高他们的物质和文化生活水平,我们已觉得很吃力,若每年还要出生1300万人,这个问题就日益严重,不知要严重到什么程度。

据上海国棉二厂负责人楼葆华先生的厂矿调查报告,从1953年到1957年7月,上海国棉二厂全厂女工已生了3049个小孩,差不多等于全厂现有的女工总数。1956年和解放前的1946年相比,生育率几乎增加3倍左右。女工的生育率高了,另一方面婴儿的死亡率却降低了。解放前,儿童死于麻疹、白喉、天花、痢疾、百日咳的很多,而今天,儿童死于这些疾病仅仅是个别的了。由于女职工的生育率太高,就产生了下列几种不良的现象:(1)产生了或扩大了房子不够住、或生活困难的问题,至少是影响了生活的改善,仅以工人住宅的拥挤现象来说,平均每间房子都有5人左右,目前因家庭人口多而申请要房的占全部要房子的人的40%—50%;(2)从1957年1月到6月,全厂因家中人口多,生活困难需要补助的职工有414人,占被补助人数的1/3左右;(3)因妇科疾病而造成的缺勤率,在1956年有6.824个工作日,在造成缺勤率的各科疾病中占第一位;(4)有些职工由于生育多,家务操作繁忙,生活不好,营养不良,影响了身体的健康;(5)有些女工因子女多无法学习文化;(6)有的青年女工因生了孩子,忙于家务,降低了政治进取心。

我深信社会主义事业愈发展,机械化、自动化必然随之扩大，从前 1 000 个人做的事，机械化、自动化以后，50 个人就可以做了（假定到处都是 1/20），请问其余 950 人怎么办？因此，我就考虑到人多，就不能很快地机械化和自动化。我们现在不能搞很多的大型工业，要多搞中、小型工业，其中原因之一，就是因为中、小型工业可以安插好多人。但是我国搞社会主义，就应当多搞大工业，列宁也说过，没有大工业，就没有社会主义。然而，我们过多的人口，就拖住了我们高速度工业化的后腿，使我们不能大踏步前进。有人称我为马尔萨斯主义者，我则称他们为教条主义者、反列宁主义者。

今年增加的 1 300 万人，能在工业中安插的不过 100 万人（据李富春副总理的第二个五年计划说明），其余 1 200 万人要在乡村中工作。但今日的农民，每人每年为国家所创造的财富，至多不过 80 多元，而工厂中的工人因有新式的技术装备，每年可以为国家创造 4 000 多元的财富。两个生产率的对比如 1 与 50 之比，二者的生产率相差如此之巨，主要原因是工业生产能利用新式技术装备（有些是最新式的），而农业生产只能利用畜力为主要动力，加以近来有些省份牲畜瘦弱死亡不少，致有用人力拉犁来耕地的现象，更影响到农业生产。且要发展农业生产，必须有两个条件，一是水，二是肥，必须有水，施肥才有用。如果没有水利设备，遇到旱灾或者水灾，再多肥料也不能希望增产。北方农民缺乏积肥习惯，与水利条件太差是有关系的。我国技术工程落后，对于水旱灾害尚无控制把握，同时因工业落后，国家尚不能供应大量化肥。凡此皆是工业和农业的劳动生产率相差悬殊的主要原因。我说这些话，工人方面或可能发生一种错觉，误认为他们为国家创造的财富多，他们的功劳大，因而要求增加工资，殊不知很多工业部门的生产资料是由农业部门创造的，它们的货币积累一部分是由其他部门造成的，不过制造的最后阶段落在它们的部门之内，因而最后的结果在它们的部门内体现出来而已。

若进一步把以上所述的 100 万工人和在乡村中安插的

附录二 马寅初"新人口论"

1 200万农民合并计算,则每人的平均劳动生产率一定低得可怜,问题是如何提高这1 200万农民的劳动生产率。若要提高,非搞农业电气化、机械化不可,非大大地增加化学肥料不可。但资金在哪里?积累在哪里?有了积累,物资如钢材、水泥等在哪里?洪水为患自古已然,于今尤烈,1954年的洪水可以作证。于是我想到要解除农民被洪水淹没的损失和淹死的危险,最好能在三峡兴建一个能够防御千年一遇的大洪水的水库,从此一劳永逸,可以使农民高枕无忧,明知投资数目不小,工程浩大,长江上游淹没损失也可观,但从国家和农民的长远利益出发,还是合算的。据电力工业部水电总局总工程师陆钦侃先生的估计,三峡工程造价达100余亿元;为配合这样大的电能,还要建设相应的工厂企业来充分利用。它们的造价(投资)要达五六百亿到1 000亿元。哪里来这许多钱?有了钱,哪里来这许多钢材和水泥?况工程浩大,20年内恐不能完成修建。一旦完成之后,农民不知要得到多少好处。不但水利建设、电力建设会把农村全面改观,即机械、肥料、运输、燃料以及建筑材料等等亦将大量出现于农村,为农业服务,农村将成为重工业的重要市场,不过今日尚须耐心等待一个时期。这个等待,是指像三峡这样的巨大工程而言。但在农业社会主义改造以后,生产关系变了,生产力正在猛力地向前发展着,对农业小型机械化问题,必须快快有积极的准备。目前农村中的关键问题,是忙闲不匀的问题,如南方推行双季稻,在割早稻后即种晚稻的15天内,农民实在是忙不过来,所以今后农村富裕增产的关键,在于农忙忙不过来的时候有机械来帮忙。农民所最需要的机械是:(1)割稻机;(2)插秧机;(3)抽水机。

我在上面说过,我们的缺点是消费多、积累少。1956年我们的国民收入将近900亿元,其中消费占79%,而积累只占21%,亦即等于180多亿元,这笔资金要分摊在重工业、轻工业、农业(包括林业、畜牧业、渔业)运输业、建筑业、商业(包括对外贸易业)这许多单位之中,每个单位分到的,为数极微,当然不能

人 口 论

大踏步地前进。资金积累如此之慢,而人口增殖如此之速,要解决"资金少、人口多"的矛盾,不亦难矣哉?我们不屑向美国借款,我们亦不能用帝国主义剥削殖民地的方法来榨取资金,亦不能仿效日本以甲午赔款作为工业化的本钱,我们只得自力更生,依靠自身的积累,但自身的积累与消费的比例,是79%与21%之比,可否把消费减少一些,把积累增加一些呢?一看我国实际情况,这是带有危险性的。

我们的国民收入只有这一点,分为积累和消费两部分。积累多了,消费就少了,对于人民的生活,难免照顾得不够。反之,消费多了,积累就少了,就必然推迟工业化的完成,故二者之间必须求得一个平衡。至于如何平衡,要看实际情况。在苏联,消费占75%,而积累占25%,即占国民收入的1/4。在中国,由于人民生活水平较低,人口较多,消费比重当然要高一些,所以有79%与21%之比。我们不能如苏联一样把积累提高到25%,把消费压低到75%,那就等于说我们只顾工业化,不顾人民了,不免会出乱子。我们现在把每年增殖出来的1 200万多余人口放在农村,虽然出于不得已,但难免发生副作用。今日的农民对于自己生产出来的粮食,总想多留一些,对于生活上的需要要向城市居民看齐。他们要吃油,所以今日油的紧张超过粮食;他们要穿新衣,所以布不够用。这个情况已经相当严重,但每年还要增殖出来1 300万人,除在工业部门安置100万人外,要把其余1 200万人口安置在农村,他们的劳动生产率在短期内既不能提高,而在生活需要上又要向城市看齐,长此以往,如何得了。所以对于人口问题若不早为之图,难免农民把一切恩德变为失望与不满,不免给政府带来很多的困难。因此,我主张要提高农民劳动生产率,一面要积累资金,一面要控制人口。不然的话,徒劳无功。

我说难免农民把一切恩德变为失望与不满,我所指的恩德是:在土改胜利之后,3亿无地或少地的农民得到了7亿亩的土地,并免除了每年向地主纳的租粮600亿斤及各种超出任务的剥削。土改后,从1950年到1956年7年中,国家对水利的基本建设拨款共达30.7亿多元,发放救灾救济经费13.1亿余元,用于推广优良品种、新式农具、提高农业生产技术及防治病虫害的经费12.8亿余元。以上三项共56.6亿余元。此外农民在7年中得到国家80亿元的低利贷款,从此不再受高利贷的剥削。此外,今天即最贫穷的农民亦不致卖男卖女,挨饿受冻,流落街头,沿街乞讨。他们在农业社的照顾下,都能生活下去,此外在农村中还实行了五保制,使老有所恃。我的意思是,政府对人口问题若不再设法控制,这些恩德不免一变而为失望与不满。

六、不但要积累资金而且要加速积累资金

社会主义国家实现的五年计划的次数愈多,生产率也就愈大,而所需的技术装备也就愈精。苏联第一个五年计划最后一年,一个工人配备的资金,是固定基金1万卢布,流动基金3000卢布,共计13000个卢布。至第三个五年计划最后一年,每个工人配备的资金6倍于第一个五年计划最后一年所配备的资金,第五个五年计划最后一年配备的资金即达12倍。所以苏联生产能力的继续增长,是由于每年技术装备的倍数增加。中国以后的情况也应该这样,因为要提高工业的劳动生产率,就要大力地积累资金,加强每个工人的技术装备,同时还要控制人口,因为如人口增殖任其自流,资金很难迅速地积累。积累资金最快的方法是提高劳动生产率。提高以后工人的收入也当然提高,如农民的劳动生产率不能与工人的劳动生产率比例地提高,二者收入的差别愈来愈大,就影响着工农联盟,因此控制人口,实属刻不容缓,不然的话,日后的问题益形棘手,愈难解决。

以上已说过苏联第一个五年计划最后一年,一个工人配备的资金是固定基金1万卢布,流动资金3000卢布。我国自1953年至1955年,国营、地方国营及公私合营工业每个工人装备的生产用的固定资产为1953年的5 273元,1954年的6 072

元,1955年的6 835元,1个卢布约等于人民币0.5元,中苏两国在第一个五年计划中给工人的技术装备大致相等。

七、从工业原料方面着想亦非控制人口不可

我们要积累资金,最好发展轻工业,因为轻工业的特点是投资少、建设易、获利多而且快,可以更有效地积累资金,用来更多、更快地发展重工业。现在新建一个10万纱锭、3 500台布机的棉纺织厂,共需投资3 500万元。在正式投入生产以后,只要一年时间,就可收回全部投资(包括工业、商业利润和税收)。印染、毛纺织厂等收回的时间还要快一些。因此轻工业的扩大,不仅不会影响重工业的建设,而且有利于重工业的发展。

但扩大轻工业的建设,必须在资金和原料足够的条件下进行,因此我们要谈一谈轻工业和农业之间的关系。轻工业的原料绝大部分来自农业,我们要建设棉纺织业,一定要向农业取得棉花;要发展丝纺织业,一定要向农业取得蚕茧;要发展制油厂,一定要取得大豆、花生、芝麻、油菜籽等;要发展制糖厂,一定要取得甘蔗和甜菜;要发展毛织业,一定要取得羊毛。今日油、糖、布的供应,远远不能满足人民的日益增长的需要;它们的紧张情况,超过粮食。要增加这些物品的供应,一定要扩大棉花、蚕桑、大豆、花生、芝麻、甘蔗、甜菜等经济作物的种植面积,这不得不缩小了生产粮食的种植面积,而粮食产量就受到了影响。所以各种经济作物与粮食互争土地,二者之间一定要求得一个适当的平衡。若人口无限增殖,这一适当平衡将更被破坏,因人口增殖,粮食必须增产,经济作物的面积就要缩小,直接影响到轻工业,间接影响到重工业。因此人口的增殖,就是积累的减少,也就是工业化的推迟,故人口不能不加以控制。

现在食糖异常缺少,紧张情况,不亚于食油。若扩大种植甜菜的面积,不啻与粮食争地。吉林省境内的新中国制糖厂和范家屯糖厂的甜菜原料,主要依靠中部地区的榆树、怀德、九台、德惠等县供应。但是这些县份又是吉林省出产粮食和大豆最多的县份。如果在这里大量发展甜菜生产，就会削减粮食和大豆的播种面积。同时，因为土地少，不能进行合理轮作，反而会影响甜菜产量和质量的提高。如1953年甜菜每公顷产量为2.4万斤左右，含糖率平均占14.3%，到1955年每公顷甜菜产量就降低到1.8万斤，含糖率平均只达到11.4%。像这样发展下去，制糖工业只有退缩，不能前进。

从以上所述可以提出一个结论，重工业与轻工业间的关系，还不如轻工业与农业间的关系之为密切。我国还是一个农业国，如农业不能很快地发展，难望重工业可以大踏阔步地前进。今年紧张情况的解除，其希望悬于秋季之大丰收。

我国各项建设，首先是重工业建设，所必需的成套设备和各种重要物资，好多是从国外输入的，但要进口多少重工业物资，得先看出口多少农业和轻工业物资，而轻工业物资也要用农业物资作原料。由于我国化学工业、特别是有机化学工业还不发达，轻工业的原料，大约有90%以上要依靠农业，故农业的扩大或缩小，丰收或歉收，对重工业或工业化有决定性的影响。若人口的增殖听其自流，不加以控制，工业化的进程，未有不受其影响者。

据对外贸易部叶季壮部长在人大第四次会议上的发言，1957年计划进出口贸易总额99.55亿元，比上年实绩减少8.4%，其中进口47.55亿元，比上年实际减少10.2%；出口52亿元，比上年实际减少6.6%。这是因为1956年某些地区农业因灾减产，出口物资供应比较困难。但主要原因是过去几年在我国出口总额中，农产品和农产品加工品约占75%左右，矿产和机械等工业品约占25%。由于目前农业增产的速度受着耕地面积的限制和自然灾害的影响，同时由于人民对轻工业品的需要逐步提高，若干种商品的出口势非减少不可，以适应国内市场日益增长的需要。但由于增加了矿产品、工业品、手工业品和各种小土产的出口，今年仍然保持了相当的出口额，能够适当地进口国家建设所需要的重要设备。但无论如何，由于进出口贸易的减少，工业化的进程未有不受其影响者。

八、为促进科学研究亦非控制人口不可

20世纪根本的社会变化和卓越的科学技术成就，不是时间上的巧合，它们之间有着内部的、必然的联系，因为物质生产的发展是它们的共同基础。航空、无线电技术和遥控技术的出现，尤其是原子能的发现，没有现代的强大工业是不可能的。不必说别的，就如不锈钢我们自己不能制造，苏联也不多，向其他国家去买也是很困难。我们在四川新建的化肥厂，还不能解决它的不锈钢问题。建设一个化肥厂，从设计、建筑、安装到开工，大体也要五六年，一般讲来，应该在工业化有了基础的国家，甚至于有高度工业化基础的国家，才能大量发展肥料工厂，因为技术比较高，用的材料也比较好。这个增长了的生产力，乃是深刻的科学发展的物质基础，俟科学发展之后又回过头来促进生产力的发展。理论与实际结合得好，会使我们的研究水平得到提高。从实践提高到理论，再用理论来进一步指导实践。这样一个循环的过程，是科学工作者的准绳，也是追求科学真理的唯一途径。中国科学院工作报告草案，向全国人民指出了它的较有基础部分和不足部分的状况。例如得奖的论著主要属于我国目前基础较好的学科；一些新兴的学科，特别是我国经济建设、国防建设所急需的几种学科，得奖的论著很少。这正是过去历史情况的真实反映，可以唤起科学界的注意。"正确地更多地转移力量于急需的薄弱方面。"但同时如果经济建设和国防建设继续向前推进，自然而然会促进本门内的科学研究，有重点地建立新机构并充实研究力量。以技术科学的研究工作而论，所谓技术科学的研究工作，就是对实际问题求取理论上的解答，并将这些理论应用到实践中去考验。现在有许多地方国营农场和农业生产合作社提出一大批有关农业生产技术上的问题，要求农业科

附录二 马寅初"新人口论"

研究机关予以解答，我们必须满足他们的要求，而研究工作者在解答农业生产中不断出现的新的科学技术问题时，找到了新资料。这些新资料是新理论最丰富的源泉。脱离实际来谈技术科学研究，是不能想象的。我们要使中国的科学赶上世界水平，只有在生产发展的条件下才能达到。我们不能把科学研究分成理论和应用两部分，因为所谓理论，就是为实际问题求取理论上的解答的理论，二者是一而二，二而一的东西。过去苏联科学院曾经做过这样的划分，现在知其不恰当，已把它去掉了。此外，科学研究，一定要在生产要求的压力下，才能加速推进。如我们的生产部门不能在12年内赶上世界先进国家的水平，而独要督促研究部门单刀匹马、长驱直入，无异缘木求鱼。周总理在1957年6月26日《政府工作报告》关于向科学进军一节中亦说："新中国科学事业的特点，是科学和生产的密切结合。生产对于科学是基本的推动力量。在国民党时代，由于工农业生产的衰落，科学家们虽然也作了些研究工作，但是无法在生产上发挥作用。解放后8年来，随着生产的发展，生产部门向科学研究部门提出了大量的要求，我们科学家们在这方面就有了充分的机会来发挥他们的才能，而且已经取得了很大的成绩。"由此观之，我们必须首先推进产业部门的技术装备，从速提高劳动生产率，而后才能奠定科学研究的物质基础。现在我国科学工作的条件虽然有很大的改善，但是，由于受现有工业水平和国家财力的限制，还不能完全满足开展研究的要求，欲达到这个目的，唯有加速积累资金，一面努力控制人口，不让人口的增殖拖住科学研究前进的后腿。

此后我国的科学研究力量大部分放在科学院，227所高等学校和许许多多产业部门，它们不仅集中了大批科学研究人才，并且它们研究的方面很多，又分布在全国各个地区，这对于促进科学事业的发展是有好处的；同时为了支援新建的工业地区和某些少数民族地区科学文化建设，也需要在这些地区建立新的高等学校和新的科学研究机构，需要一些科学家"离开原来的研究环境"到这些地方去工作。在初到新的研究环境时,研究工作暂时可能受到一些影响,但从长远看来,这对我国科学事业的发展,好处是很大的。因为每门科学的发展,不是孤立的,某门科学愈向前进,就愈需要其他有关科学的配合。(近代科学的特点是各门科学的相互联系、相互影响十分密切。国家建设中的重大科学问题,也往往要由许多学科的综合研究才能解决,所以我们现在在科学的许多重要方面进行着研究工作。)例如人造卫星的制造和发射是一件很复杂的综合性的科学工作,牵涉到火箭技术、冶金、机械、天文、数学、物理、化学、气象、地球物理、大地测量、无线电电子学等方面。再以国际地球物理年为例,为什么各国科学家可以自今年(1957年)7月1日起举行国际地球物理年?其中理由之一是第二次世界大战后,科学和工程技术上的进步异常迅速,无线电物理和火箭方面科学研究工作的发展,使得人们对高空测量有了很好的工具,他们可以利用这方面的新成就对地球进行观测,从而可知没有无线电物理和火箭方面的科学研究的配合,对地球进行观测,根本是不可能的。所以我们要求所有有关生产部门都能按平衡原则向前推进。这有待于更多资金的积累和人口的严格控制。

九、就粮食而论亦非控制人口不可

关于人口与粮食的关系,因限于篇幅,不愿在这里多谈,拟另作一文专论之。在这里,我只说我国地少人多,全国6.4亿人口,每人平均分不到3亩地。虽有人说我国有15亿亩荒地,但这些荒地有的是石山,有的是没有水源的,有的是少数民族世世代代借以为生的草原地,根本不能开垦的。到底有多少荒地可以开垦,迄无确实统计,加以工业落后,财力有限,一时尚不能大规模进行垦荒。虽然在1953年至1956年之间,每年开垦了1400多万亩荒地,但由于人口的增加,每人平均分到的耕地,已自1953年的2.8亩降至1955年2.7亩。况自然灾害影响着农业生产，使农民的收入极不稳定。如江苏省在 1955 年每户农民平均收入是 306 元（这是抽查的材料，不能完全代表江苏省全部情况），假定一户 4 口，每口不过分到 76.5 元。该省 1956 年遇到灾害，全省农民平均收入每人下降到 49.9 元。农民收入之不稳定如此，要完全防止自然灾害的发生，必需多兴办像三门峡这样的大水利工程，这有待于科学技术的发展与推行，尤有待于资金的多多积累。故就粮食而论，亦非控制人口不可。

毛主席在《关于正确处理人民内部矛盾的问题》中说："我们准备在几年内，把征粮和购粮的数量大体上稳定在八百几十亿斤的水平上，使农业得到发展，使合作社得到巩固，使现在还存在的农村中一小部分缺粮户不再缺粮，除了专门经营经济作物的某些农户以外，统统变为余粮户或者自给户，使农村中没有了贫农，使全体农民达到中农和中农以上的生活水平。"[①]主席这些话是从他心中说出来的，这是全国人民之福，倘能把人口控制起来，这个崇高的愿望，不难成为事实。

十、几 点 建 议

（1）1953 年举办的第一次全国人口普查，使我们对于全国人口按性别划分，按年龄组别划分，按民族构成划分和按城镇与乡村划分，都能够明白它们的对比和真相，这是很好的，但要实施明健的人口政策和帮助科学家进行研究工作，还必须认真举办关于人口动态的统计，如出生、死亡、结婚、离婚和迁徙等都应有完整的统计分布。因此我建议在 1958 年至迟在 1963 年进行普选时，再进行一次人口普查，使我们可以知道这 5 年中或这 10 年中国人口增长的实际情况，接着认真举办人口动态统计，在这个基础上来确定人口政策，一面把人口增长的数字订入第二个或第三个五年计划之内，使以后计划的准确性可以逐步

[①] 《毛泽东选集》第 5 卷，第 381 页——编者。

人 口 论

提高。

（2）我们在上面已谈到夏威夷群岛的人口并不跟着食品的增加而增加，主要原因是因为该处的居民不是喜欢多子多孙的。但在中国情形适相反，宗嗣继承观念太深，只要生活好一些，便想娶女子，便患无后代，便畏出远门，便安土重迁。加以种种封建社会的残余思想，如"早生贵子"、"儿孙满堂"、"五世同堂"、"五世其昌"、"多福多寿多男子"，等等，支配着他们的行动。所以在妇女心理中，以生子为天职，以不育为大耻；在父母心理中，嫌儿媳不生育，重婚纳妾，理所当然。但要节制生育，控制人口，第一步要依靠普遍宣传，使广大农民群众都明知节育的重要性，并能实际应用节育的方法，一面大力宣传早婚的害处、迟婚的好处，大概男子 25 岁、女子 23 岁结婚是比较适当的，但暂时不考虑修改婚姻法，理由是把结婚年龄提高，在原则上是对的，但是由于节制生育的宣传教育还做得不够，农村中老少男女还没有普遍明白节制生育的理由和需要，操之过急不免发生副作用，恐农村中的青年男女怕婚姻法修改后提高结婚年龄，影响他们的结婚，不免发生争先恐后结婚的情况。俟宣传工作收到一定的效果以后，再行修改婚姻法亦未为晚。如婚姻法修改之后，控制人口的力量还不够大，自应辅之以更严厉、更有效的行政力量。照目前的计算，国家在每个孩子的教育及就业装备上要支出 1 万元上下。一般人往往不够了解，一个孩子要求家庭的开支，还抵不上要求国家的开支大，因此国家理应有干涉生育、控制人口之权。况控制人口，为的是要提高全国人民、尤其是农民的劳动生产率，借以提高他们的物质和文化生活水平，使他们能过更快乐、更美满的生活。

（3）实行计划生育是控制人口最好、最有效的办法，最重要的是普遍宣传避孕，切忌人工流产，一则因为这是杀生，孩子在母体里已经成形了，它就有生命权，除非母亲身体不好，一般不能这样做；二则会伤害妇女的健康，使之一生多病，我有几个亲戚身体本来很好，刮了子宫后不是生这样病，就生那样病；三则

附录二 马寅初"新人口论"

会冲淡避孕的意义,年轻的妇女们就会不关心避孕,把希望寄托在人工流产上;据北京几位名医谈话,有些人刚作过人工流产,很快又怀孕,又跑到医院里去吵闹,主要原因是依赖人工流产,不认真避孕了,尤其是男子,对避孕不负责,不积极,只图自己一时的快乐,不顾女子长期的痛苦,实在太不公平;四则会增加医生的负担,苏联人口只有2亿,而医生有35万之多,病床有135.4万床,我国人口大于苏联3倍以上,而能做人工手术的恐怕不到6万人,医院情况已经很紧张,若再把人工流产的任务加在他们的身上,深恐耽误其他的治疗工作。因此,我诚恳地请卫生部好好地考虑。

〔附表1〕

农民每人每年为国家创造的财富

指　　标	计算单位	1953年	1956年
(一)农民为国家创造的财富			
1. 按农业总产值计算:			
农业总产值(按1952年不变价格)	亿元	499.1	580.3
每人平均	元	102.8	112.2
2. 按农业净产值计算:			
农业净产值(按1952年不变价格)	亿元	369.5	426.9
每人平均	元	76.1	82.5
3. 按农民直接向国家缴纳的部分计算:			
农民直接缴纳部分(农业税及附加、公债)	亿元	27.1	37.3
每人平均	元	5.6	7.2
(二)农民人口数	万人	48 546	51 723

说明

1. 农业总产值和净产值均系用计算国民收入时所用数字,农业总产值比现在预计数约大5 000万元是为了和农业净产值口径取得一致。

2. 农民人口数系全年平均人数。这个数字比谭震林同志在《关于我国农民收入情况和生活水平的初步研究》一文(见《人民日报》1957年5月5日第3版)所引5.28亿人为小。

3. 1953年农民直接向国家缴纳的部分只包括农业税一项,1965年除农业税外尚有农业税附加2.99亿元和公债1.38亿元。

人 口 论

工人每人每年为国家创造的财富

指　　　　标	计算单位	1953 年	1956 年
（一）工业生产的全部价值计算			
工业总产值（不包括手工业的全部工业）	千元	35 576 744	57 136 410
生产人员数			
全部生产人员	万人	505.28	646.788
生产工人	万人	419.5	459.76
每人平均创造价值			
每一生产人员平均创造价值	元	7 041	8 834
每一生产工人平均创造价值	元	8 481	12 427
（二）工业生产的新创造价值计算			
工业净产值（不包括手工业全部工业）	千元	11 572 291	19 567 090
生产人员数			
全部生产人员	万人	505.28	646.788
生产工人	万人	419.5	459.76
每人平均创造的新价值			
每一生产人员平均创造的新价值	元	2 290	3 025
每一生产工人平均创造的新价值	元	2 759	4 256

说明

1. 工业总产值是按 1952 年不变价格计算的，不包括手工业产值。这个总产值数字预计较早，因此小于作 1957 年计划的预计数和统计公报数，但计算国民收入时却是按这个预计数计算的，所以仍列此数。如果按照 1957 年计划上的 1956 年预计数 57 589 633 亿元计算，则每一生产人员平均创造价值为 8 904 元，每一生产工人平均创造价值为 12 526 元。

2. 工业净产值按 1952 年不变价格计算的，不包括手工业净产值。但国民收入计算时间较早，其 1956 年总产值系预计数，小于作 1957 年计划时的 1956 年预计数，并且比实际数亦小。

3. 生产工人数 1953 年按国家统计局年报数，其中国营、公私合营，系年平均数，合作社营和私营由于没有统计年平均人数，故采用了年末到达数。1956 年按 1957 年计划时的预计数。

4. 全部生产人员 1953 年按国家统计局研究室的材料，1953 年全部工业生产人员年平均人数为 505.2816 万人（不包括工业企业附属单位人员）。1956 年国营、地方国营、公私合营、合作社营人员每人生产的价值按 1957 年计划上 1956 年预计数，私营系按照上述经济类型的材料，加以估算而得。

附录二 马寅初"新人口论"

注：表内最后一项数字（每一生产工人平均创造的新价值4 256元），已经把重复部分扣除后计算出来的。现在让我来解释一下：

现代工业的构成是异常复杂的，每种产品的零件，部件常须经由许多地区，许多行业，许多工厂，才能拼凑成功。从原料到成品经过逐步加工有无数次的工序，先把原料制成若干中间产品，最后才叫作成品。中间产品具有二重性，就制造它的工厂说是成品，就采用它的厂矿说都是原料。还有更复杂的，例如煤炭，既是煤矿的成品，又是工业的原料，同时又是家庭用的消费资料。因许多产品都有两重性，计算总产值时就发生很大的矛盾。若把中间产品的价值统计进去，就一定会发生重复，甚至重复至数次以上，以致总产值失去了真实。因此，我们要把中间产品严格地区分开来，不然的话，计算出来的净产值就会偏高，不能真实代表国民所得。

〔附表2〕

1953—1955年国营、地方国营及公私合营工业每个工人装备的生产用固定资产

（单位：元）

部门	1953年	1954年	1955年
总　　计	5 273	6 072	6 835
电力部门	51 197	58 828	58 196
燃料采掘部门	5 021	5 574	6 020
铁矿及锰矿部门	1 887	4 407	4 057
化学矿开采部门	828	939	949
其他非金属矿开采部门	952	1 128	3 599
森林采伐部门	497	1 443	2 931
燃料加工部门	18 307	18 643	16 248
钢铁冶炼部门	10 151	12 385	14 411
有色金属开采及冶炼部门	3 362	5 684	6 480
金属加工部门	5 029	5 528	6 035
化学加工部门	9 066	9 867	11 114
建筑材料部门	2 291	2 531	3 641
玻璃工业部门	4 273	3 431	3 502
陶瓷工业部门	2 456	1 925	1 482
橡胶加工部门	4 714	4 372	10 688
木材加工部门	1 210	1 480	1 945
火柴工业部门	466	440	449
造纸工业部门	8 923	9 856	10 307
纺织工业部门	4 943	5 125	5 107
缝纫部门	943	1 124	1 292
皮革及皮毛部门	1 750	2 080	2 471

(续表)

部　　　门	1953 年	1954 年	1955 年
油脂、肥皂、香料、化妆品部门	6 000	6 090	6 107
食品工业部门	3 373	3 312	3 566
食盐部门	3 653	3 431	3 307
印刷部门	3 072	3 240	3 256
文化、教育、科学艺术用品部门	1 558	1 755	6 292
自来水部门	49 129	54 743	59 557
其他工业部门	4 530	7 087	8 973

注①：固定资产系指生产设备厂房及一切生产用土地；工人系指直接生产工人和辅助工人（如企业内部的搬运工人、仓库的装卸工人），不包括工程技术人员、行政管理人员及其他非生产人员。

1956 年由于材料缺乏，还不能计算。

注②：以上两表是请国家经济委员会同志们代制的，特此道谢。

附录二 马寅初"新人口论"

有计划地生育*

（1958年2月）

在第一届全国人民代表大会第四次会议上，我向大会提出《新人口论》，其目的，在一面控制尚未出生之人口，一面提高现有人口的物质和文化生活水平。今日的发言是上次提出的《新人口论》之继续。我只谈下列两点，就是：一、节制生育；二、文化技术下乡。

一年以来，党和政府在节制生育方面作了不少工作，农民也开始逐步认识到节育是符合自己的切身利益的。

关于节制生育，党和政府在过去的1年中，直接地、间接地已经做了不少工作。我所谓直接，是指取消军属多子女补助费一类措施而言。我所谓间接，是指最近热火朝天的兴修农田水利一类措施而言。从去年10月到今年1月底，全国每天在水利工程战线上从事劳动的农民，自10月份的二三千万，11月份的六七千万，又上升到今年1月份的1亿左右。按每人劳动120天计算，共有120亿个劳动日。以每个劳动日平均工资按0.6元计算，农民在水利工程上所投入的资金已有72亿元。现在人数还在增加，工作尚在进行。当然这72亿元所创造的财富大大地超过此数，而且是无可估计的。这是直接的影响。这笔钱若不投入生产，而留在农民手中，不免用之于吃穿、婚丧、迷信、赌博等，容易引起无计划的生育。这就是我所谓间接的工作。河

---

* 原载于《人民日报》1958年2月10日。原文为《有计划地生育和文化技术下乡》，此处只节选了计划生育部分，并改题为《有计划地生育》。

人 口 论

南代表赵文甫先生的这次发言中指出,许多男女青年为了实现水利化,自愿推迟了结婚时间。辽宁省代表丘新野先生在发言中也说,打算在春节结婚的工人,纷纷给女方写信,推迟结婚期。这两位代表的发言,足以证明吾言之不误。所以我说关于节制生育一点,党和政府在过去一年中直接地或间接地已经做了不少工作。有一位研究东南亚国家人口问题的外国专家,一日在和平大会讲演时由陈翰笙先生介绍他与我交谈,他对我说:"有的国家的人口问题比你们的严重得多,但政府对此漠不关心,不知将来要严重到什么程度。你们的优点,是党政领袖们已注意到这个问题的重要性,不然的话只靠学者们口说笔写效果很小。祝贺你们有这样的一个党和这样的一个政府。"我听了他的话之后,觉得他说出了我心中要说的话。不仅党和政府已经做了不少工作,即地方和全国的人民代表也很关心这个问题。在今年1月5日、6日举行的上海市第二届人民代表大会第三次会议上,代表们提出各种控制人口增长办法,如大力提倡节育、提倡晚婚,等等。全国人民代表大会第四次会议上有李永等8位代表提出修改婚姻法的结婚年龄案,大会提案审查委员会把这个提案交由常务委员会交法案委员会研究。法案委员会认为:"提倡晚婚的精神是好的,应当在群众中加强宣传教育,使群众自愿地推迟结婚年龄。"在群众不了解早婚的害处和迟婚的好处以前,结婚年龄现在可以不改。徒法不能以自行,自古云然,所以,我认为法案委员会的意见是正确的。

党和政府已经着手做了,地方和全国人民代表也开始研究这个问题了,试问农民自己对这个问题的看法?这个问题已经包含在农业发展纲要(修正草案)之中作为第二十九条。这条规定:"除了少数民族的地区以外,在一切人口稠密的地方,宣传和推广节制生育,提倡有计划地生育子女,使家庭避免过重的生活负担,使子女受到较好的教育,并且得到充分就业的机会。"自农业发展纲要颁布之后,在农村中已掀起了广泛的讨论和辩论,第二十九条的规定已取得不少的收获。比如四川省内江县双井

附录二 马寅初"新人口论"

农业生产合作社最近就节制生育问题展开了大辩论，许多社员都认为今后应该有计划地生育子女。这次辩论是在讨论粮食问题时引起的。社里粮食年年增产，可是有些社员粮食消费水平却没有相应提高。社员在讨论中发现原来是人口增加太快，全社去年1年就增加52人，需要消费粮食3.1万多斤，要平均每亩多增产27斤才能够吃。但这里有早婚多生子的风气，这个问题过去并未引起大家注意。近几年，生活有了改善，这种风气更有了发展，许多人认为"早栽秧，早打谷，早生儿子早享福"。老年人鼓励儿女早婚，青年人也是刚满规定年龄就急忙结婚。政府宣传节制生育时，不少人思想有抵触。在大鸣大放中，有人还提出意见说："政府连我们生多少娃娃也要管。"表示很不满意，后来这个社专门召开了节制生育问题的辩论会，辩论"节制生育到底好不好"，参加的人很踊跃。有人发言说："娃娃多了，顾吃顾不到穿。前年入社，去年多分了400多斤粮食，可是添个娃娃就用得精光，现在还欠30多元债。娃娃多了，生活提不高，老婆和我吵过好多架。"在会上，大家都算起人口增加的细账来，算到后来都很吃惊。大家感到这样下去，1年要增产多少粮食才够吃？那还有多少余粮卖给国家支援工业建设？接着，全场你一句，我一句议论起孩子过多的害处来。生过6个孩子的一个人说："娃娃一多，照顾娃娃就照顾不了生产。有时候做活回来，娃娃没人照应跌得头破血流。去年我只做200多个工分，娃娃少的人却做了1000多个工分。"在会场上有些人还批评了"早生子早享福"的思想，理由是有了合作社，勤劳动就能改善生活，把合作社办好，比啥都可靠（意思就是不必一定要靠儿子）。全场的人都认为政府提倡节育正是关心他们的生产和生活。不过有些社员嫌避孕麻烦。经过争论，大家感到有点小麻烦，还是比生育过多带来大麻烦好。有些社员还建议在农村加强节育的宣传，改进避孕药物的供应工作；并希望医院能想出更简便更经济的避孕方法。

◎ 人 口 论 ◎

关于《新人口论》的说明*

(1957年)

  1955年《资本主义工业社会主义改造》一文完成后，即着手准备人口问题的发言稿，打算在1955年的人民代表大会上提出。但在浙江小组会上讨论时，好多代表不同意我的看法，且竟有人认为我所说的是马尔萨斯的一套。虽然他们的意见我不能接受，但都是出于善意（那时会上空气不适于提出这样的问题），故我自动地把发言稿收回。今年（1957年）时机成熟，遂把发言稿在人代大会上提了出来。全文登载于1957年7月5日的《人民日报》。发表后，接到各地人民来信40余封，几无一不赞成我的主张。我的人口论与马尔萨斯学派完全不同，他们主张以瘟疫、疾病、战争等残酷的手段把人口削减，而中国的马尔萨斯者竟主张把中国人口削减至2亿左右，我则不但不主张削减，而且要提高劳动人民的劳动生产率，借以提高他们的物质和文化生活水平。我只主张把还没有生出来的人口，用避孕的方法控制起来而已。

---

  * 原载《我的经济理论、哲学思想和政治立场》，财政出版社1958年版。

附录二 马寅初"新人口论"

附 带 声 明*

（1959 年 11 月）

一、接受《光明日报》的挑战书

据去年 7 月 24 日和 11 月 29 日的《光明日报》估计，批判我的学术思想的人不下 200 多人，而《光明日报》又要开辟一个战场，而且把这个战场由《光明日报》逐渐延伸至几家报纸和许多杂志，并说我的资产阶级学术思想的一些主要论点已经比较深入地为人们所认识，坚持学术批判必须深入进行。这个挑战是很合理的，我当敬谨拜受。我虽年近 80，明知寡不敌众，自当单身匹马，出来应战，直至战死为止，绝不向专以力压服不以理说服的那种批判者们投降。不过我有一个要求。过去的批判文章都是"破"的性质，没有一篇是"立"的性质；徒破而不立，不能成大事。如我国的革命，只破而不立，决不能有今天。你我都不欢迎那些如李达先生所说的："扣名词、扣概念、语义晦涩，内容空洞，带一些八股气"的文章（《人民日报》1958 年 11 月 10 日第 7 版）。更不欢迎如中共湖北省委第一书记王任重同志所说的那种作风。王任重同志在他的《读书、谈心、想问题》一文（载《人民日报》1959 年 4 月 9 日）中说："讲共产主义风格，还要敢于坚持真理，从实际出发，而不要'随风倒'。学习先进，力争上游，永远都是需要的。但是有些同志并不是真正学习先进，而是按'空

---

* 原载《新建设》1959 年第 11 期。

气'办事。听到人家一点风声,他就赶紧照办,不问一问人家究竟是怎么做的,也不想一想这样做到底好不好,和自己的情况适合不适合。事后看来,这些同志闹了许多笑话。为什么'随风倒'?这里面有个'抢先'的思想在作怪。有的同志怕落后,不管条件如何,事事都想站到头里。也有的同志是图虚名,好出风头。这种'抢先'的思想,和党所教导我们的'鼓足干劲,力争上游'的精神,根本不是一回事。我们共产党人要赤胆忠心地为人民工作,不要为虚名工作;要按实际情况办事,不要按'空气'办事。"

我们所最欢迎的,是如潘梓年先生所说的那种概括各种新变化的哲学或经济文章,因为哲学的中国要求有中国化的哲学(《哲学研究》1958年第7期)。据《光明日报》的意见,我的学术思想是资产阶级的,那么应该写几篇富有无产阶级学术思想的文章来示一个范,使我们也可经常学习。

二、对爱护我者说几句话并表示衷心的感谢

去年有200多位批判者向我进攻,对我的两篇"平衡论"和《新人口论》提出种种意见,其中有些是好的,我吸取过来,并在小型的团团转综合性平衡论中做了些修改(共七点),但是他们的批判没有击中要害,没有动摇我的主要的或者说根本的据点——"团团转"的理论、"螺旋式上升"的理论和"理在事中"的理论,也无法驳倒我的《新人口论》。在论战很激烈的时候,有几位朋友力劝退却,认一个错了事,不然的话,不免影响我的政治地位。他们的劝告,出于诚挚的友爱,使我感激不尽,但我不能实行。我认为这不是一个政治问题,而是一个纯粹的学术问题。学术问题贵乎争辩,愈辩愈明,不宜一遇袭击,就抱"明哲保身,退避三舍"的念头;相反,应知难而进,绝不应向困难低头。我认为在研究工作中事前要有准备,没有把握,不要乱写文章。既写之后,要勇于更正错误,但要坚持真理,即于个人私利甚至于自

己宝贵的性命,有所不利,亦应担当一切后果。我平日不教书,与学生没有直接的接触,总想以行动来教育学生,我总希望北大的1.04万学生在他们求学的时候和将来在实际工作中要知难而进,不要一遇困难随便低头。

最后我还要对另一位好朋友表示谢忱,并道歉意。我在重庆受难的时候,他千方百计来营救;我1949年自香港北上参政,也是应他的电召而来。这些都使我感激不尽。如今还牢记在心。但是这次遇到了学术问题,我没有接受他的真心诚意的劝告,心中万分不愉快,因为我对我的理论有相当的把握,不能不坚持,学术的尊严不能不维护,只得拒绝检讨。希望我这位朋友仍然虚怀若谷,不要把我的拒绝检讨视同抗命则幸甚。

人 口 论

重申我的请求*

（1960年1月）

我在拙著《我的哲学思想和经济理论》一文中（载《新建设》1959年11月号）有一个附带声明，就是我接受《光明日报》开辟一个战场的挑战书。我说："这个挑战是很合理的，我当敬谨拜受。我虽年近80，明知寡不敌众，自当单身匹马，出来应战，直至战死为止，绝不向专以力压服不以理说服的那种批判者们投降。不过我有一个要求。过去的批判文章都是'破'的性质，没有一篇是'立'的性质；徒破而不立，不能成大事。如我国的革命，只破而不立，决不能有今天"云云。但11月30日和12月7日、14日《光明日报》和《新建设》12号所发表的评论，仍属于"破"的性质，不过写的人换了一批新的，素年没有见过面的人，原来的一批"老手"不出面了。这倒是一件好事。人越多，意见越多，使我领教的机会更多，不难最后只要以一篇文章来答谢几百位先生的好意。这予我以极大的方便，几百位先生愿以困难留给自己，以方便让给了我，这真是有高度政治觉悟的人才做得到。不过过去200多位先生所发表的意见都是大同小异，新鲜的东西太少，不够我学习。11月30日《光明日报》登了庄次彭先生的一篇文章，说过去批判我的人已经把我驳得"体无完肤"了，既然是"体无完肤"，目的已经达到，现在何必再驳呢？但在我看来，不但没有驳得"体无完肤"，反而驳得"心广体胖"了。最

---

* 原载《新建设》1960年第1期。

附录二　马寅初"新人口论"

近在11月30日和12月7日、14日的《光明日报》上和《新建设》12月号上所发表的5篇文章更帮助我把我的几个理论弄得益加完整和坚固。我要对这5篇文章的作者们表示衷心的感谢。过了新年我就要出京视察三四个月后才回京，回京后再加以一番分析和研究，拟以一篇文章来答谢诸位先生的盛意，可惜以后在《光明日报》上登出来的好文章，我是看不见了。去年我花了5个月的工夫视察9个省份，南自海南岛北至长春，买不到一份《光明日报》。直到到了广州，请我的秘书托广东交际处向广东科学院借用自8月1日到9月底两个月的《光明日报》，因为我的文章是分四次登出的（登在去年7月24、29、30、31日的《光明日报》），所以我要借8、9两月的《光明日报》看看有没有人批评我的文章。结果大失所望，借来的报残缺不全，只得请《北京大学学报》人文科学编辑委员会把我的这篇文章在1959年第1期中转载一下，以资保存而便参考。因此在我视察的期间，既然看不到《光明日报》上所载的文章，恕不答复。迨回京后再行答谢。但我要一再重申我的请求，过去的200多篇批判文章都是"破"的性质，现在的5篇也是"破"的，我总希望诸位先生多费些时间，做些真正的研究工作，写出一篇"立"的文章出来。你既然说："马寅初对大跃进情形的解释是不科学的"，那末，读者们都希望你作出一个科学的解释来。你们说：我要独树一帜以示异鸣高。这话怎么说得出口？正因为我不要独树，所以请你们来共树；正因为我不要一家独鸣，所以请你们来大家共鸣。你们不来共鸣，也是一种示异鸣高。有些人更变本加厉地说我要独树一帜，以与马克思对抗。这真是千古奇谈了。比如11月30日《光明日报》所载的庄次彭先生的文章末段所说，马寅初要独树一帜，以与马克思对抗，他把重点放在"我的"两字（因为我的文章是以《我的经济理论和哲学思想》为题）。我用"我的"两字完全是一个责任问题，我立的学说当然是我的，我负责任，你立的学说，当然是你的，你负责任。你立得好，我不来平分秋色，你立得不好，我亦不来代你负责。如果不说"我的"、"你的"，请问谁来代我们负责啊？党和政府决定"百花齐放，百家争鸣"的方针的时候，绝不会怀疑做科学研究工作的人有与马克思对抗的企图。

江苏《群众》杂志第 16 期社论反对对敢想敢说的人泼冷水。在这里我要很"坦白"地对诸位先生说一说：泼冷水是不好的，但对我倒有好处。我最不怕的是冷水，因为我洗惯了冷水澡，已经洗了 50 多年了，天天洗，夜夜洗，一天洗两次，冬夏不分。因此对我泼冷水，是最受欢迎的。这虽然是锻炼身体的一个好方法，但直接间接影响我的头脑，因此我获得了一个冷静的头脑，很适宜于做科学研究工作。话不多谈了，我相信党，我也拥护党，所以我从党报和党刊（《人民日报》和《红旗》）上引文两段作为对诸位先生的一种贡献。

1958 年 8 月 30 日《人民日报》社论说得好。它说：

"学术批判是人民内部矛盾，在批判的过程中，应当坚决贯彻百花齐放，百家争鸣的方针，让不同的意见，都能得到充分发表的机会。真理是越辩越明的。不同的意见多一些，争辩的时间长一些，是好事。这便于把真理弄得更鲜明。辩论中要充分摆事实，讲道理，一时还找不到充分事实和理由来驳倒对方的，就应该进一步去分析研究。如果不能说服，而企图压服，那只是学术上无能的表现。'压服'在思想领域中是不能解决任何问题的。学术思想问题和一般思想问题又有不尽相同之处。它需要以丰富的事实为依据。某些学术问题，在一定的时期内，由于材料还不够充分，条件还不完全具备，就不能下结论"云云。

1959 年第 10 期《红旗》有施东向先生以《为了追求真理》为题的一篇文章，它给盲目批判的人一个很好的指导。施先生说："马克思列宁主义的理论原则，是我们在追求真理的道路上所必需依靠的指南针，……但是有了这个指南针，并不能使我们在还没有解决的科学问题上不费吹灰之力而可达到正确的结论。因此，就是人们确实依靠马克思主义为指南而向前摸索真理，也会发生不同意见的争论。要在任何科学问题上进行独立的创造性

附录二 马寅初"新人口论"

的研究,就必须详尽地掌握有关的资料,进行认真的分析和研究;在越是复杂的问题上,就越是需要穷年累月的努力,才能有真正的成就。"

"对于学术问题的错误,应当采取什么态度呢？要分辨两种性质的错误。有一种人并没有花过收集材料、认真研究的功夫,只是从感想出发,随便说出些错误的意见。这种错误应该说并不是在科学研究中的错误,而是根本不进行科学研究的错误,这种错误除了证明人们不应当这样做以外,没有任何意义。另一种人是认真做了研究工作,但是因为方法不对头,掌握材料不完备或其他原因而作出了不正确的、不全面的结论。这种错误并不是毫无意义的,它往往是在达到真理的过程中所难免要经过的过程。科学史证明,在科学问题上,提出正确的结论的人固然是有功劳的,而那些勇于在新的科学问题上进行试探,提出终于被修正甚至被推翻了的假说的人,也是有一定功劳的……参加学术讨论的人,都应当有坚持真理的勇气。我们的社会,是真理能够开花结果的社会。但是有人却会因为自己的意见不被多数人赞同而动摇。……如果是正确的意见,即使只有少数人,甚至一二人同意,也应当坚持。在学术讨论中,真理有时并不在多数人手里而是在少数人手里。……缺乏坚持真理的勇气的人就会随波逐流,没有主张"云云。

我很高兴地告诉施东向先生:自《新建设》11月号登出我的文章后,同意我的信已经不是少数了,有的虽表示同意,但不敢签名,只写"读者谨上"字样,这部分地表明了今日的"百花齐放,百家争鸣"的真实情况。我只得唱"独角戏"。我只得单身匹马出来应战。

在我的文章中没有把中国人口分为"高等人"和"低等人",我只说把中国人口的质量提高,包括所有阶层在内,工农和知识分子都在内。不错,国内报上常用"高级知识分子"字样,但这并不是我开始用的,而且这几个字并不代表一个阶级。现代"高级知识分子"都入了工会,大家都是工会会员,只是职务上的区别,

人 口 论

没有阶级上的区别。有的人如宗正把中国人口分为"高等人"、"劣等人",根本不反映今日的现实。至于英国的罗素和赫胥黎,美国的柯克和爱伦·台尔怎么想、怎么说,那是英国、美国的事,我们知道得太少;即有所知,亦不过书本上的知识,死记几句教条主义,亦不能解决中国的人口问题。无论英美学者怎样说,无关于我们的事。他们尽管说:资本家是"优秀遗传的人",是"坚强有力的人",属于"高等人",劳动人民是"心理不健全"的劣等人,应实行节育;他们尽管把人类分成"优等民族"和"劣等民族",并宣传白种人是"优等民族",应该担负领导世界的任务,主张"劣等民族"应该限制繁殖,"改良人种"。这是他们的胡说八道,与我何干?我所主张的是,中国人口包括各阶层在内都要节制生育,都要提高知识水平。文盲固然要教他们读书,高级知识分子亦要努力研究,提高自己,于必要时要向苏联或其他兄弟国家学习,分阶级的说法对我是不能套用的。中国现在正在形成没有阶级的社会,地主与资本家已经不存在,抄写几句外国书本的教条主义是纸上谈兵,工人和农民听起来亦不会感兴趣。如果在工人和农民没有解放之前,在反动党统治时代,在反动党统治的南京或重庆,这些人能勇气百倍,不顾死活,把这些话讲出来、写出来,那倒是富有意义的。工人和农民听了,不但会感兴趣,亦且会感激无既。或在共产党境遇很困难的时期,能够说出这些话来,那倒是能起作用的。现在工人和农民已经变为国家的主人翁了,资产阶级已经基本上消灭了,中国已站起来了,不再是半殖民地了,而共产党也已掌握政权,你还来说这些话,既不及时,亦不切实际;不但不切实际,亦是无的放矢。这些人从外国书本上的教条主义中得出"马寅初为资产阶级服务"的结论,这个论断是站不住脚的,因为我讲的是中国的人口问题,是一个特殊问题,不是世界人口问题。中国的资产阶级基本上已经消灭,我要为它服务亦无从服起。反过来,法国的学者们和政府如这些人一模一样,正在竭力鼓吹人口增殖,难道法国的学者们是为无产阶级服务吗?这些人既然要硬说我的控制人口是为

附录二　马寅初"新人口论"

资产阶级服务,我何尝不可硬说他们的人口增殖论是为法国人服务呢?因此从书本知识来推论,是非常危险的,不免把一把火烧到自己的身上来。中国人口问题的根源不在于外国的书本子上,乃在于中国人民的心理上,广大群众对人口问题到底怎么想,每一对年轻的夫妇是不是还要"儿孙满堂,五世其昌"呢!是不是还相信"不孝有三,无后为大"呢?抑情愿少生几个来提高自己和子女的文化和物质生活呢?因此我们要做一番调查、分析和研究工作,不能徒凭感想来发言。

有的人还把我三四十年前的老文章拿来作为我为资产阶级服务的证据。挖老根,那是挖不胜挖的,这笔账是算不清的,可以不必费心。不错,在1939年以前,我是不与共产党一起的,我也作过文章批评过马克思。但在那年我以实际行动否定了我自己的阶级,否定了过去的我。所以对1939以前的老文章,我不负责任了,我自己亦不引用了,正如马克思否定了自己的阶级一样。自那年起直到现在,我无时无刻不与共产党在一起,挑拨离间的企图,是注定要失败的。总而言之,中国的人口问题是一个特殊的人口问题,要调查、分析和研究,要用大量的有关资料来立自己的,不能专凭教条来破别人的。毛泽东主席说过:"真正的理论,世界上只有一种,就是从客观实际抽出来的理论",因此我重申我的请求。

人 口 论

就平反昭雪致答词[*]

　　一样东西平反过来是很不容易的事情,无论是学术问题还是政治问题,都是这样。这需要有宽阔的胸怀和巨大的力量。中国共产党能有这样大的气魄、这样大的力量,实事求是地为曾经批判错了的人平反,公开地改正自己的错误,这在中国历史上是没有过的。这说明中国共产党是大有希望的。我的问题能平反,更说明了我们的党不愧是伟大、光荣、正确的党。我愉快地接受北大名誉校长的任职。我对党中央表示崇高的敬意!

　　我特别要感谢敬爱的周总理对我长期的关心、爱护和教育,终于使我在有生之年看到了自己问题的解决。

　　最近我先后收到许多来信,不少人希望我对人口理论问题再发表意见。对此,我现在特作说明:由于年龄过大,精力不够,所以我已经再没有可能进行这方面的研究。我衷心希望年轻的学者们要继续努力,不断在人口理论研究方面作出新的成绩!

　　北京大学是一个有光荣传统的学校,是一座国内外知名的学府,从五四运动以来,每当中国社会发生变革的时候,它都走在运动的前头。我曾先后在北大工作将近二十个年头,对北大有极其深厚的感情。我衷心希望今后的北京大学能够在党委领

---

[*] 1979年9月15日下午,教育部副部长、北京大学党委书记周林,副校长张龙翔,经济系教授严仁赓及北大学生会副主席、学生赵桂云等10余人到东总布胡同看望马寅初。周林当面宣读了经中共中央批准的《关于为马寅初先生平反的决定》和教育部关于马寅初先生任北京大学名誉校长的任职通知。20余年沉冤昭雪,马寅初感慨万千。这是马寅初委托次子马本初致的答词。现题为编者所拟。

附录二 马寅初"新人口论"

导下,为实现四化做出新的更大的贡献!

我很怀念北大,待身体允许时,我将要去学校看看。现在,请周林同志代我向全校的师生员工致意,问候!祝大家身体健康,工作学习进步。

科学元典丛书

1	天体运行论	〔波兰〕哥白尼
2	关于托勒密和哥白尼两大世界体系的对话	〔意〕伽利略
3	心血运动论	〔英〕威廉·哈维
4	薛定谔讲演录	〔奥地利〕薛定谔
5	自然哲学之数学原理	〔英〕牛顿
6	牛顿光学	〔英〕牛顿
7	惠更斯光论（附《惠更斯评传》）	〔荷兰〕惠更斯
8	怀疑的化学家	〔英〕波义耳
9	化学哲学新体系	〔英〕道尔顿
10	控制论	〔美〕维纳
11	海陆的起源	〔德〕魏格纳
12	物种起源（增订版）	〔英〕达尔文
13	热的解析理论	〔法〕傅立叶
14	化学基础论	〔法〕拉瓦锡
15	笛卡儿几何	〔法〕笛卡儿
16	狭义与广义相对论浅说	〔美〕爱因斯坦
17	人类在自然界的位置（全译本）	〔英〕赫胥黎
18	基因论	〔美〕摩尔根
19	进化论与伦理学(全译本)（附《天演论》）	〔英〕赫胥黎
20	从存在到演化	〔比利时〕普里戈金
21	地质学原理	〔英〕莱伊尔
22	人类的由来及性选择	〔英〕达尔文
23	希尔伯特几何基础	〔俄〕希尔伯特
24	人类和动物的表情	〔英〕达尔文
25	条件反射：动物高级神经活动	〔俄〕巴甫洛夫
26	电磁通论	〔英〕麦克斯韦
27	居里夫人文选	〔法〕玛丽·居里
28	计算机与人脑	〔美〕冯·诺伊曼
29	人有人的用处——控制论与社会	〔美〕维纳
30	李比希文选	〔德〕李比希
31	世界的和谐	〔德〕开普勒
32	遗传学经典文选	〔奥地利〕孟德尔 等
33	德布罗意文选	〔法〕德布罗意
34	行为主义	〔美〕华生
35	人类与动物心理学讲义	〔德〕冯特
36	心理学原理	〔美〕詹姆斯
37	大脑两半球机能讲义	〔俄〕巴甫洛夫
38	相对论的意义	〔美〕爱因斯坦
39	关于两门新科学的对谈	〔意大利〕伽利略
40	玻尔讲演录	〔丹麦〕玻尔
41	动物和植物在家养下的变异	〔英〕达尔文
42	攀援植物的运动和习性	〔英〕达尔文

43	食虫植物	〔英〕达尔文
44	宇宙发展史概论	〔德〕康德
45	兰科植物的受精	〔英〕达尔文
46	星云世界	〔美〕哈勃
47	费米讲演录	〔美〕费米
48	宇宙体系	〔英〕牛顿
49	对称	〔德〕外尔
50	植物的运动本领	〔英〕达尔文
51	博弈论与经济行为（60周年纪念版）	〔美〕冯·诺伊曼 摩根斯坦
52	生命是什么（附《我的世界观》）	〔奥地利〕薛定谔
53	同种植物的不同花型	〔英〕达尔文
54	生命的奇迹	〔德〕海克尔

即将出版

动物的地理分布	〔英〕华莱士
植物界异花受精和自花受精	〔英〕达尔文
腐殖土与蚯蚓	〔英〕达尔文
植物学哲学	〔瑞典〕林奈
动物学哲学	〔法〕拉马克
普朗克经典文选	〔德〕普朗克
拉普拉斯宇宙体系论	〔法〕拉普拉斯
玻尔兹曼讲演录	〔奥地利〕玻尔兹曼
高斯算术探究	〔德〕高斯
欧拉无穷分析引论	〔瑞士〕欧拉
至大论	〔古罗马〕托勒密
超穷数理论基础	〔德〕康托
数学与自然科学之哲学	〔德〕外尔
几何原本	〔古希腊〕欧几里德
希波克拉底文选	〔古希腊〕希波克拉底
阿基米德经典文选	〔古希腊〕阿基米德
圆锥曲线论	〔古希腊〕阿波罗尼奥斯
性心理学	〔英〕霭理士
普林尼博物志	〔古罗马〕老普林尼

扫描二维码，收看科学元典丛书微课。

全新改版·华美精装·大字彩图·书房必藏

  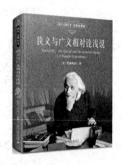

科学元典丛书，销量超过 100 万册！
——你收藏的不仅仅是"纸"的艺术品，更是两千年人类文明史！

科学元典丛书（彩图珍藏版）除了沿袭丛书之前的优势和特色之外，还新增了三大亮点：
① 每一本都增加了数百幅插图。
② 每一本都增加了专家的"音频+视频+图文"导读。
③ 装帧设计全面升级，更典雅、更值得收藏。

名作名译·名家导读

　　《物种起源》由舒德干教授领衔翻译，他是中国科学院院士，国家自然科学奖一等奖获得者，西北大学早期生命研究所所长，西北大学博物馆馆长。2015年，舒德干教授重走达尔文航路，以高级科学顾问身份前往加拉帕戈斯群岛考察，幸运地目睹了达尔文在《物种起源》中描述的部分生物和进化证据。本书也由他亲自"音频+视频+图文"导读。附录还收入了他撰写的《进化论的十大猜想》，既高屋建瓴又通俗易懂地阐述了进化论发展的未来之路，令人耳目一新，豁然开朗。

　　《自然哲学之数学原理》译者王克迪，系北京大学博士，中共中央党校教授、现代科学技术与科技哲学教研室主任。在英伦访学期间，曾多次寻访牛顿生活、学习和工作过的圣迹，对牛顿的思想有深入的研究。本书亦由他亲自"音频+视频+图文"导读。

　　《狭义与广义相对论浅说》译者杨润殷先生是著名学者、翻译家，天津师范大学外国语学院教授。校译者胡刚复（1892—1966）是中国近代物理学奠基人之一，著名的物理学家、教育家。本书由中国科学院李醒民教授撰写导读，中国科学院自然科学史研究所方在庆研究员"音频+视频"导读。